АНТИСЕМИТИЗМ

РЕШЕНИЕ

Лайтман Михаэль
Антисемитизм. Решение. Михаэль Лайтман
Laitman Kabbalah Publishers, 2023. – 120 с.

Laitman Michael
Antisemitism: the solution. Michael Laitman
Laitman Kabbalah Publishers, 2023. – 120 pages.

ISBN 978-965-7577-89-9
DANACODE 760-134

Антисемитизм – одна из величайших загадок человеческой истории, тысячи раз объясненная и в то же время остающаяся иррациональной. Поражает здесь не только масштаб явления, но и способность еврейского народа выживать в его тисках.
Выживать и возрождаться. Разумеется, все это далеко не случайно.
Антисемитизм системен в своей основе. Эта книга – о том, как разглядеть систему за отдельными штрихами и навсегда избавиться от ненависти.

HaRabash St 12, Petah Tikva, Israel

Copyright © 2023 by Laitman Kabbalah Publishers
1057 Steeles Avenue West, Suite 532
Toronto, ON M2R 3X1, Canada
All rights reserved

Михаэль Лайтман

Антисемитизм
решение

СОДЕРЖАНИЕ

Глава 1 Вековой конфликт 8
    Моя история 9
    Против течения................... 11
    Тучи над горизонтом 13
    Наш выбор 17

Глава 2 Кто ты, народ Израиля? 20
    От коллективизма к индивидуализму 22
    Башня эгоизма................... 24
    Тайна единства................... 27
    Борьба идеологий 31
    Рождение народа 33
    Корни ненависти................... 35
    Исраэль и народы 36
    Вершина единства................... 38
    Проникая взглядом в Природу...................... 41
    Разрыв связи 43
    Братоубийственная война 46
    Возникновение религий................... 48

Глава 3 Скитания 50
    Секрет успеха................... 54
    Ненавистные всем................... 56
    Новая надежда 58
    Революция восприятия 61
    Великая еврейская социализация................... 64
    «Еврейская проблема» 66
    Предупреждение................... 68
    Мир под ружьем................... 70
    Антисемитизм на расовой почве 73

Глава 4 Земля Израиля 78
    Личность и народ................... 82
    Расщепление 86
    Израиль и мир 89
    Новый антисемитизм 94

Глава 5 Народ-проводник 98
    Одна начинка под множеством оберток......... 101
    Приговоренные к ненависти?...................... 104
    Вавилон 2.0.. 108
    Достояние мира 111

Об авторе 116

Глава 1
ВЕКОВОЙ КОНФЛИКТ

Моя история

Я родился на севере Белоруссии в уютном и живописном городе Витебск. Как водится в Европе, его пересекает крупная река – Западная Двина. Вокруг раскинулись холмы, над крышами плывут церковные купола. В центре города улицы вытекают на широкую площадь.

Витебску более тысячи лет. Однако одно из самых страшных несчастий случилось с ним совсем недавно – около восьмидесяти лет назад, когда нацисты создали в городе гетто и трудовой лагерь. Многие тысячи горожан и окрестных жителей стали жертвами Катастрофы, и уже к осени сорок первого еврейское население здесь было, практически, полностью истреблено. В дальнейшем молот войны разрушил Витебск почти до основания, оставив в живых лишь горстку людей.

Сегодня, когда я вспоминаю улицы своего детства, в затылок мне дышит гнетущая атмосфера горя и страшных потерь. Тень сороковых еще долго нависала над всеми нами...

В 1963 году, когда мне исполнилось семнадцать, я переехал в Ленинград. Хотя он представлял тогда культурную обитель и интеллектуальную цитадель, антисемитизм витал в воздухе, пропитывал камни и стены. Мне было очень трудно жить в такой среде, мирясь с ощущением собственной беспомощности.

Я подал документы на отъезд, провел четыре года в отказниках – и в 1974-м оказался в Израиле. Жизнь открыла новый лист, однако отпечаток антисемитизма остался в моей душе навсегда.

В 1979 году я нашел Баруха Ашлага (1907–1991), каббалиста, сына знаменитого Йехуды Ашлага, или Бааль Сулама (1884–1954), который первым открыл науку каббала современному миру. Вместе они совершили небывалый прорыв – подготовили ясную и доступную всем каббалистическую методику.

Проучившись двенадцать лет у Баруха Ашлага, я по-новому взглянул на феномен антисемитизма. Отдельные его детали начали складываться в общую согласованную картину, о которой я раньше и не догадывался. У этой беды есть причина, и есть решение. Но чтобы провести его в жизнь, евреям необходимо разобраться с самими собой.

Против течения

В начале прошлого века, за годы до Холокоста, Бааль Сулам, живший тогда в Польше, всеми силами пытался спасти собратьев от надвигавшейся беды. Он не только взывал и предупреждал об угрозе – он действовал. Под его началом несколько сот семей в Варшаве начали подготовку к переезду в землю Израиля. Уже были заказаны сборные дома для нового поселения – но тут в дело вмешались лидеры общины. Они категорически воспротивились инициативе, вылили на Бааль Сулама ушаты обвинений и, фактически, объявили ему бойкот. В 1921 году он был вынужден уехать, взяв только свою семью. Стоит ли говорить о судьбе остальных?

Позднее Бааль Сулам опубликовал серию статей, предостерегавших о близящейся опасности.

Я уже высказывал свои принципиальные соображения в 1933 году. Кроме того, я общался с руководителями поколения, и слова мои не были тогда приняты. Хотя я кричал во весь голос, предупреждая о мировом катаклизме, – это не произвело впечатления.[1]

После Катастрофы он продолжал объяснять, что антисемитизм – вовсе не мимолетное явление:

Теперь, после изобретения атомной и водородной бомбы, думаю, мне поверят: конец

---

[1] Бааль Сулам, «Труды о последнем поколении», часть 1, фрагмент 2. Kitvei Baal Hasulam. ARI. Israel. 2009. P. 829.

мира надвигается стремительными темпами, и евреи будут испепелены раньше остальных народов, как это случилось в прошлую войну. Поэтому сегодня сложились хорошие условия для пробуждения мира, чтобы люди приняли единственное лекарство, и жили, и обеспечивали свое существование.[2]

Каббалист не просто видит опасность впереди – он понимает ее причины, наблюдает процесс в развитии и говорит о явлениях, которые, в исторической перспективе, порой растягиваются на годы и десятилетия. Поэтому не стоит обманываться: то, что видел Бааль Сулам, «висит» над нами по-прежнему.

---

[2] Там же.

Тучи над горизонтом

Большой пожар давно отполыхал, и слова каббалиста почти стерлись из памяти поколений. Страшное прошлое запечатано в черном ящике, который открывается лишь раз в году, когда Израиль отмечает День Катастрофы. Она – как рубец на сердце народа, глубокий, но заживающий с годами.

Многие полагают, что, в целом, антисемитизм уже перевалил свой пик. Ведь прогрессивное человечество сделало выводы, издало соответствующие законы и больше не потерпит подобных ужасов, верно? Евреи, живущие в западных странах, склонны пережидать всплески ненависти в надежде на лучшее. Израильтяне, лично не знакомые с этим явлением, не видят в нем большой беды и предпочитают бодрый взгляд на вещи.

Вместе с тем, тревожные эксцессы и тенденции последних лет уже бросили евреям новые вызовы, от которых невозможно отмахнуться.

Радикальный мусульманский мир никогда не отказывался от идеи уничтожения государства Израиль. Старушка Европа разрывается между мусульманскими иммигрантами и крайне правым популизмом. В Америке резко выросла статистика антисемитских нападений. По всему западному миру евреи снимают с домов традиционные мезузы и боятся выйти на улицу в кипе.

Тем временем, на международной арене возрождается «игра мускулами» – идеологическое и силовое противостояние держав, сопровождаемое непрерывными обвинениями в адрес Израиля.

Пристальный взгляд на текущие мировые события не оставляет никаких сомнений – антисемитизм обостряется в небывалых для послевоенной эпохи масштабах. Ненависть, обрушившаяся на евреев в прошлом веке, снова омрачает горизонт. Нет, это уже не одинокие крапинки среди ясного неба, а зловещие тучи, подкрадывающиеся всё ближе.

Согласно данным израильского Министерства диаспоры, существенный рост происшествий антисемитского характера зарегистрирован в 2016 и в 2017 годах. Наихудшая ситуация сложилась в Западной Европе. Например, физические нападки на евреев в Великобритании участились за 2017 год на 78%. Тем же курсом следуют Франция, Германия и Голландия.

Параллельно общественные дискуссии пропитываются терпким «душком». Интернет в целом и соцсети в частности демонстрируют значительный «прогресс» в этой сфере.

В начале января 2016-го, спустя семьдесят лет после смерти Гитлера, истек срок действия авторского права на его книгу «Майн кампф» («Моя борьба»), в которой на евреев возложена ответственность за все несчастья мира. Книгу тут же издали на родине, разумеется, с комментариями и историческими пояснениями. Спустя короткое время она уже красовалась во главе списка немецких бестселлеров, на этот раз под заглавием «Моя борьба – критическое издание».

С выходом нового тиража книгу перевели на десятки языков, и она превратилась, по выражению британской прессы, в «бестселлер, еще более удачный, чем Библия». В Италии миллионы экземпляров – опять-таки с «фиговым листком» комментариев – раздали бесплатно. Ну а те, кто хочет ознакомиться с первоначальным текстом, без примечаний, может с легкостью приобрести его в «Амазоне», да еще и по скидке.

В ноябре 2017-го в Польше на шестидесятитысячном шествии в честь Дня независимости звучал призыв: «Белая Европа без евреев и мусульман».

По ту сторону океана ситуация тоже накаляется: доклад американской Антидиффамационной лиги, выпущенный в начале 2018-го, свидетельствует о тревожном положении в США, где за первые девять месяцев предыдущего года произошло 1299 зарегистрированных антисемитских инцидентов, включая физическое насилие, неофашистские марши, нападения на еврейские организации, порчу имущества и надгробий. Годовой прирост составил 70%.

Неудивительно, что всё больше евреев опасаются за свое благополучие и свою жизнь. Согласно опросу от 2017 года, каждый третий еврей в мире чувствует необходимость скрывать свое еврейство. По состоянию на 2018 год, 51% евреев боятся публично демонстрировать еврейские атрибуты. Треть опрошенных евреев Англии взвешивают возможность бегства в Израиль из-за антисемитизма. В США 41% евреев считают антисемитизм самой серьезной проблемой современной Америки. Еще недавно, в 2014-м, таких было всего 14%.

В университетских городках антисемитизм цветет пышным цветом, постепенно изливаясь наружу. Уже в 2016 году по европейским кампусам разнесся призыв отменить мероприятия, приуроченные к Дню

Катастрофы, а в американских кампусах молодые демонстранты требовали бойкотировать Израиль. В десятках западных университетов ежегодно проходит «Неделя против израильского апартеида».

Вообще, идея бойкота Израиля легко обрела легитимность. Ее можно запрещать законодательно, но она уже осела в сознании масс, и это – главное ее достижение на текущем этапе. На различных лекциях, мероприятиях, митингах и презентациях, в академических дебатах и публичных дискуссиях Израиль предстает расистским режимом, «прокаженным пасынком» современного просвещенного либерализма.

К настоящему времени пройдена фаза под названием «Антисемитизм поднимает голову». Сегодня он гордо шествует по планете, прикрываясь полупрозрачными лозунгами либерального содержания. Получается пикантно, вызывающе, правдоподобно – что, собственно, и требовалось. Понемногу, антиизраильская риторика подминает под себя общественное мнение в разных странах. Особенно подвержена этому западная молодежь с ее естественным максимализмом: современное развитие и образование лишает ее способности к здравому системному анализу, подменяя цельность и глубину отдельными яркими лоскутками, выхваченными из общего полотна и наскоро схваченными скрепками осмысленности.

Целью всей этой деятельности, несомненно, является демонтаж еврейского государства. Последующая участь евреев для меня очевидна. Вот почему я пишу эти строки.

Наш выбор

До недавнего времени, когда я рассказывал о доктрине Бааль Сулама и его системном подходе к явлению антисемитизма, в ответ мне не раз говорили примерно следующее:

«Израиль – процветающая страна с крепкой экономикой и сильной армией. Можете быть за него спокойны. Что же касается мирового еврейства, сегодня ему угрожают только радикалы и маргиналы, которые не сломят установившихся трендов».

Какое-то время назад подобные суждения казались реалистичными, потом – оптимистичными, а сегодня – оторванными от реальности. Я бы хотел надеяться на лучшее, однако процесс – медленно, но верно – устремляется в том направлении, о котором говорили Барух Ашлаг и Бааль Сулам. Глядя на историю через призму науки каббала, я вижу четкие закономерности и не могу полагаться на удачу. Мир оказался на перепутье, и дальнейшее зависит от того, сумеем ли мы сделать сознательный выбор или продолжим плыть по течению.

Выбор этот не имеет ничего общего с политикой или национальной принадлежностью. Он проистекает из самой диалектики человеческого развития – чего, к сожалению, пока еще не понимают ни в Израиле, ни в мире.

Израильтяне предпочитают связывать антисемитизм с палестинской проблемой. В результате сформировались две противоположные позиции:
- нас полюбят, если мы отдадим «территории»;
- нас зауважают, если мы будем сильными и продолжим стоять на своем.

На самом деле ни тот, ни другой подход не обеспечит мира и спокойствия в долгосрочной перспективе. Ведь исконная проблема остается неразрешенной, и подлинный источник вековой ненависти к евреям всё еще ускользает от глаз.

С другой стороны, ненавистники евреев и Израиля также дезориентированы внешними факторами. Лишь некоторые сознают, что ими движет нечто более глубокое, – но чувство, само по себе, ничего не объясняет.

Эта книга позволит нам добраться до корня, проникнуть в суть масштабного, вековечного противостояния между миром и еврейским народом. Многих ждут впереди настоящие открытия, хотя каббалистические первоисточники «раскрыли тему» уже тысячи лет назад.

Долгое время наука каббала оставалась в тени, дожидаясь, пока люди созреют для ее концепций. Это время пришло с наступлением эпохи глобализации. Воспринимая человечество как единую, взаимосвязанную сеть, мы можем, наконец, «разложить по полочкам» то, что в ней происходит. Давайте же вместе разберемся с причинами антисемитизма.

Теоретически, это явление – полный нонсенс. Еврейский народ составляет менее одной пятой процента мирового населения. Бо́льшую часть двух последних тысячелетий он провел в рассеянии, погруженный в свою веру и свои традиции. Тем не менее, он всем известен и повсюду гоним. Ни один другой народ не пережил такого количества религиозных, культурных, финансовых и физических преследований. Каким же образом столь малая часть человечества оказалась в роли его главного врага?

Антисемитизм с самого начала был следствием той роли, которую еврейский народ играет в человечестве.

В чем она заключается? Почему неурядицы и разлад неизменно разжигают враждебные чувства к евреям? Чего мир хочет от них? Должны ли они что-то миру? Можно ли покончить с конфликтом раз и навсегда – по доброму согласию обеих сторон?

Ответы перед вами.

Глава 2
КТО ТЫ, НАРОД ИЗРАИЛЯ?

Ключ к пониманию мировых реалий и тенденций кроется во внутренних механизмах социального взаимодействия. Человек – наиболее развитое из всех общественных существ в природе. Он использует разум для улучшения условий жизни. В отличие от животных, его желания постоянно растут, выходя далеко за пределы насущных нужд выживания.

Именно желания толкают нас вперед. Мозг первобытных охотников-собирателей, десятки тысяч лет живших в пещерах, ничем не отличается от нашего. Разница лишь в том, что мы намного больше *хотим*.

Первый всплеск желаний породил Неолитическую революцию. Обеспечивая свои возросшие запросы, люди научились возделывать землю, приручили животных, создали систему обмена товарами, выстроили оседлые поселения. Тогда же были заложены основы всех древних культур на Земле, включая ближневосточную колыбель современной цивилизации.

Однако наряду с этим происходила и другая революция – социально-мировоззренческая. Ее парадигма довлеет над нами до сих пор.

От коллективизма к индивидуализму

Долгое время социальные связи реализовывались в рамках племени, рода, или большой семьи. В ней каждый вносил свою лепту ради **общего блага**, благодаря чему в сообществе устанавливалось гармоничное равновесие, базирующееся на естественной родовой близости.

Но затем торговля вызвала к жизни новый тип связи, проистекающий уже из **личной заинтересованности**. Собственно, с тех пор мы и начали просчитывать, сколько можно выгадать или проиграть на взаимоотношениях с кем-либо. Семейные ценности постепенно сдали позиции, и «первобытный коммунизм» канул в Лету.

В то же время, несмотря на новые формы отношений, внутренне человек всё более изолировался от окружающих. Близкие становились далекими, индивидуализм возвышал одних и опускал других, создавая социальную иерархию. Если раньше потребности ограничивались пропитанием, убежищем и обеспечением семьи, то теперь на передний план вышли желания, диктуемые обществом и обусловленные соперничеством.

Конкуренция усиливала стяжательство и властолюбие, требовала контроля над землей, имуществом и людьми. Богатство стало не просто залогом достатка и благополучия, а целью как таковой. Обостренный эгоизм открыл для себя тщеславие и честолюбие, почувствовал вкус общественного статуса, познал удовольствие от использования других.

С одной стороны, развитие эгоистических и состязательных начал способствовало прогрессу, а с другой, оно же несло с собой разрушительный потенциал. Ведь у этой гонки есть старт, но нет финиша, за которым бывшие соперники останавливаются и возвращаются к нормальным отношениям. Эгоизм можно обуздать лишь на время. Растущие желания то и дело ломают барьеры в погоне за наслаждениями, пока в итоге их экспансия не исчерпает все доступные ресурсы.

Однако в те времена, за несколько тысяч лет до нашей эры, это вовсе не было очевидно. Менялись правители, законы, общественные нормы, возникали царства, империи, цивилизации… И однажды, в Месопотамии, между Тигром и Евфратом, человеческие амбиции вознеслись настолько, что люди захотели добраться до небес.

Башня эгоизма

В Месопотамии найдены первые города человечества. Один из них – Вавилон, знававший еще шумеров, – со временем стал первым в истории мегаполисом. Именно здесь человеческий эгоизм пережил небывалую вспышку желаний, символом которой стала история Вавилонской башни.

> *И сказали: "Давайте построим себе город и башню главою до небес, и сделаем себе имя".[3]*

Жажда власти сплотила вавилонян: они были готовы вместе работать, чтобы обрести контроль над силами природы. Однако мало кто сознаёт сегодня, к какому тяжелому кризису отношений это привело. Вот что рассказывают каббалисты:

> *Если человек падал замертво, никто не обращал на него внимания. Если же падал один кирпич, люди садились и плакали: "Горе нам! Когда другой встанет на его место?".[4]*

Жители Древнего Вавилона впервые узнали, что такое "говорить на разных языках" – быть по-настоящему чужими друг другу. Раздор на новом пике эгоизма раскалил и расколол общество настолько, что результатом стал взрыв.

> *Хотели они говорить друг с другом... и не понимали языка других. Тогда взялись они за мечи и сразились друг с другом насмерть. Половина населения пала там от меча.[5]*

---

[3] Тора, Берешит, 11:4.
[4] Пиркей де-рабби Элиэзер, гл. 24.
[5] Там же.

В итоге кризис Вавилонской башни разметал племена в разные стороны и заставил их расселиться по свету. **Размежевание оказалось единственной возможностью выжить.** Ведь если части целого больше не могут взаимодействовать, необходимо разобрать, разнять, отделить их друг от друга, прежде чем процесс выйдет из-под контроля.

С тех пор на протяжении тысяч лет девиз «Соблюдай дистанцию» является ключевой формулой человеческого сосуществования. Однако и этот способ не вечен. Вавилоняне просто отложили проблему на потом.

Примерно за 1800 лет до нашей эры Авраам вывел группу своих последователей из Древнего Вавилона и отправился в землю Ханаан. Это событие оказало решающее влияние на всю последующую мировую историю.

В Месопотамии тогда господствовали политеистические верования – иначе говоря, идолопоклонство. Всем силам, объектам и явлениям природы соответствовало какое-нибудь божество: например, бог Солнца, бог Луны, бог дождя, бог плодородия и так далее. Этих богов, или идолов, представляли соответствующие статуэтки, каковых немало найдено археологами.

Отец Авраама – известный жрец Терах – продавал фигурки божков для поклонения и ритуалов. Разумеется, и сына он воспитывал в том же языческом ключе.

Однако Авраам не пошел по стопам отца. Вместо этого, разбив в себе идолов – общепризнанные «истины», – он пустился в поиск, в исследование и обнаружил единство Природы, интегральную суть ее законов. Именно тогда идея монотеизма прочно вошла в мир и, спустя века, стала главным стержнем мировых религий.

Какую же революцию совершил родоначальник еврейского народа? Что принципиально нового он дал человечеству? Идею одного бога вместо множества божков? Или нечто намного более высокое, всеохватывающее, внутренне противоположное идолам древнего мира?

Тайна единства

> *Это исследование каббалисты назвали "единым". И начало ему положил Авраам.*[6]

Монотеизм Авраама не имеет ничего общего с традиционными представлениями о непостижимой «небесной» ипостаси. В действительности **речь идет о единой системе законов, о единой силе Природы.** Она называется также «высшей силой», поскольку все остальные силы порождены и управляются ею. Другое название – «Творец» – отражает ее созидательное начало, способность творить новое.

Авраам понял, что раздробленная картина мира с самостоятельными как будто бы фрагментами – это иллюзия эгоистического восприятия, за которой скрыта цельная, неразрывная сеть взаимосвязей, общее направление развития, общая цель.

Никогда до тех пор не формулировалось столь четко и категорично мировоззрение, в котором одна сила целенаправленно управляет всем мирозданием посредством неизменных, непреложных законов Природы. В ней нет фрагментации, дискретности – всё спаяно безраздельной взаимосвязью и взаимозависимостью. Поэтому обращаться к отдельным силам или факторам, к отдельным «божкам» – значит, по сути, впадать в идолопоклонство.

И еще: в Природе не существует личной выгоды. Она стремится к равновесию, гармонии, и все ее элементы, целиком отдаваясь этой задаче, вносят свой вклад в общее дело. Все, за исключением одного...

---

[6] Бааль Сулам, «Общий характер науки каббала». Kitvei Baal Hasulam. ARI. Israel. 2009. P. 39.

Здесь-то и кроется тот качественно новый посыл, который Авраам привнес в мир. Природа едина, однако люди разобщены, раздроблены. Мы чужие друг другу, и мы очень выборочно воспринимаем действительность, вычленяя одни ее части и игнорируя либо не замечая другие.

В результате этого диссонанса человек идет наперекор не только Природе, но и своему собственному доброму будущему. Наш прогресс – это, ко всему прочему, растущий разлад с самими собой и с окружающим миром. Мы используем отдельные законы природы, подобно идолопоклонникам, «уговаривавшим» отдельных божков, – в то время как глобальная панорама, единство мира не укладывается в привычные нам схемы.

Отсюда понятен вывод Авраама: вместо того чтобы пытаться изменить, покорить Природу, заставить ее действовать в наших меркантильных интересах, **мы должны меняться сами**, понимая ее всё глубже и приходя в соответствие с ее неизменными законами.

Подход этот по-настоящему революционен, причем не только для древней Месопотамии, но и для современной эпохи. Человечество никогда всерьез не задумывалось о том, чтобы изменить себя, свое естество. Внутренний путь развития намного менее тернист, однако неприемлем для эгоизма, даже просвещенного. Ведь прежде всего, он требует кардинальной переоценки приоритетов – так чтобы человек считал своим благом не личную наживу, а укрепление и благополучие общества.[7]

---

[7] «Каждый должен понять, что его личная польза и польза общества – это одно и то же. Таким образом мир придет к своему полному исправлению» (Бааль Сулам, «Мир в мире». Kitvei Baal Hasulam. ARI. Israel. 2009. P. 461).

Согласитесь, в принципе, звучит логично и очевидно – однако и поныне кажется несбыточным. Можно порассуждать о ценностях, можно поиграть в демократию и либерализм, но когда доходит до реального дела, до нового, братского по сути отношения друг к другу, нам это претит.

И знаете что – так и должно быть.

⁓⁓

В отличие от неживой, растительной и животной природы, человек – существо разумное, мыслящее, наделенное свободой воли. Он не подчиняется Природе инстинктивно – наоборот, в своем исконном себялюбии он противопоставлен ей. Почему?

Потому что именно борьба, антагонизм двух тенденций на сближение и разобщение предоставляет нам возможность свободно расти между ними. Расти не по указке, а по выбору, примиряя противоположности и проявляя за ними одну изначально единую силу. Правда, до этого момента надо дойти, «довариться», дозреть – но однажды он наступает.

В этот миг всё меняется: мир обретает объем, звучание, краски, смысл. Оказывается, что жизнь – это путь, у которого есть нетленная цель, и идти к ней мы можем осознанно, по собственному выбору, вместе. Теперь уже не только система воздействует на нас, но и мы воздействуем на систему.

Перед Авраамом и его последователями открытие это развернуло альтернативный путь, отличный от общего вектора человечества. Так была пройдена ключевая развилка истории: большинство отправилось из колыбели Междуречья на заселение новых земель – меньшинство предпочло подъем над раздором.

Первая часть совершила виток длиной в несколько тысяч лет и очутилась в новом, теперь уже глобальном Вавилоне, страдающем от всё тех же противоречий. Фундаментальная проблема не решена, дальше расходиться некуда.

Вторая часть, ставшая впоследствии еврейским народом, работала над собой и вела внутренний подъем над эгоизмом, совершенно непонятный остальным. Несмотря на свою вопиющую малочисленность, потомки Авраама прошли через все невзгоды истории, избежали полной ассимиляции в изгнаниях, пережили неисчислимые гонения, погромы, резню, приняли активнейшее участие в развитии человечества, а в нашу эпоху даже отстроили заново собственное государство, уничтоженное два тысячелетия назад.

Когда меня привлекало материалистическое понимание истории, когда я старался проверить его на судьбах народов, мне казалось, что величайшим препятствием для этого является историческая судьба еврейского народа, что с точки зрения материалистической судьба эта совершенно необъяснима... Со всякой материалистической и позитивно-исторической точки зрения этот народ давно должен был бы перестать существовать.[8]

Отметая любую мистику, все же трудно переоценить то немыслимое, что сделал Авраам в глубокой древности, на заре цивилизации, имея в распоряжении лишь результаты собственных исследований. Что же он заложил в своих учеников?

---

[8] Николай Бердяев, «Смысл истории».

Борьба идеологий

> *Мы призваны показать всему миру высочайший идеал цели мироздания... Анализируя неживую, растительную, животную и человеческую природу, мы обращаем внимание на удивительную связь, скрепляющую всех воедино, и приходим к неоспоримому выводу о том, что всё мироздание спаяно и взаимосвязано, подобно единой цепи.*[9]

Большинству вавилонян учение Авраама казалось нонсенсом. По сути, это был «бунт на корабле», восстание против привычного образа мысли, против «правильного» взгляда на мир. Идея всеобщего единства открыто конфликтовала с бытовавшими тогда представлениями и тенденциями. Вавилон уверенно шёл от устаревшего ощущения общности к прогрессивному обществу одиночек, построенному на сплетении эгоистических интересов. Человек стремительно отдалялся от Природы и, сам того не сознавая, рвал сохранившиеся с ней связи одну за другой.

Авраам, видевший в мироздании единое целое и изучавший его законы, понимал, что «многообещающая» погоня за личной выгодой, в конечном счете, потерпит крах. Ведь на самом деле человек все равно остается частью Природы, и дисбаланс, который он в нее вносит, вызовет ответную реакцию. Однако концепция единой системы, единой силы, целенаправленно развивающей всех и каждого, была доступна тогда немногим.

---

[9] Авраам Ицхак Кук, каббалист, первый главный раввин Страны Израиля (1921–1935). Maamarei HaRaAYaH. Jerusalem. 1988. P. 493.

А противостояла ей идея «прогрессивного себялюбия», обещавшая невиданные успехи и материальные блага. Представлял и олицетворял ее жестокий правитель Вавилона Нимрод. Вот что пишут о нем каббалисты:

> *До него все люди были равны, и никто не пытался доминировать ради власти над другими. Нимрод же начал доминировать и властвовать на земле.*[10]

Знаменитый историк 1 века н.э. Иосиф Флавий добавляет:

> *Понемногу он превратил управление страной в тиранию.*[11]

Очень быстро посулы Нимрода расшатали Вавилон, и огромная махина необузданных, зашкаливших до небес людских амбиций, рухнула, похоронив под своими обломками надежды на золотой век. Вместо процветания начался социальный хаос, и история Вавилонской башни осталась аллегорическим уроком на все времена.

Авраам заранее предупреждал об этом, но апологеты покорения природы не прислушались к нему. С тех пор прошли тысячи лет, но в корне ситуация не изменилась: человечество по-прежнему пренебрегает методикой исправления эгоизма, надеясь, что он все-таки принесет нам счастье. Два пути, две линии развития, олицетворяемые Нимродом и Авраамом, всё отчетливее проступают сегодня в конвульсиях глобального Вавилона.

---

[10] Давид Альтшулер, комментарий «Мецудат Давид», гл. 1, п. 10.
[11] Иосиф Флавий, «Иудейские древности», Книга 1.

Рождение народа

Авраам обучал тех, в ком его послание находило отклик. Он объяснял им устройство мира, рассказывал о едином, универсальном законе отдачи, лежащем в основе всей действительности, и о том, как приводить себя в соответствие с ним, выстраивая правильные отношения между людьми. Так начинала свой путь в массы методика человеческого объединения над эгоизмом.

Методика эта, даже реализуемая крохотным меньшинством, дала миру многое. Ее достижения настолько грандиозны, что человечество, не понимая наследия Авраама, все равно завидует ему и черпает из него силы. Философия, культура, образование, интеллектуальный багаж, мировосприятие, современный гуманизм – всё проистекает оттуда.

Авраам не пытался затушевать или проигнорировать конфликты и различия. Он прекрасно понимал, что это невозможно. Напротив, каждому сектору, сообществу, каждой группе и каждому человеку в социуме присущи свои неповторимые черты, которые надо беречь и развивать. Но развивать в общих интересах, приподнимаясь над различиями и скрепляя общество планомерной работой, базирующейся не на домыслах, а на знании законов Природы.

Постепенно к Аврааму стекались люди из разных племен и народов, населявших Месопотамию. В период кризиса они покинули Вавилон и отправились навстречу новой судьбе в сторону Ханаана. Согласно Рамбаму, десятки тысяч примкнули к этой группе[12] – и, спустя века, ее потомки стали народом Израиля.

Отсюда ясно, что, в отличие от других, **еврейский народ возник не из этнического ядра и связан не «биологическими» узами. Он изначально был носителем идеи.** И потому евреем может стать любой. Ведь «еврей», по определению, не национальность, а направление развития, готовность подниматься над себялюбием по методике Авраама. Это наследие заложено в народе Израиля очень глубоко: в генах, в эпигенетике, в системных параметрах, на уровне BIOS. И оно неистребимо.

На протяжении истории многие присоединялись к еврейскому народу, вне зависимости от своего происхождения. Среди них были те, кто навсегда остался в народной памяти. Достаточно назвать рабби Акиву, сына прозелитов, одного из ведущих мудрецов-каббалистов, пользующегося огромным уважением вот уже тысячи лет.

До нынешних времен наднациональный принцип определяет принадлежность к еврейству – точнее к окружению, устремленному на всеобщее единство. Человек, решивший связать с ним свою судьбу, вливается не в вероучение, а именно в идею, в народ, в общность сердец.

---

[12] «И встал, и начал в полный голос призывать весь народ, пока не собрались вокруг него тысячи и десятки тысяч» (Рамбам, Мишнэ Тора, книга «Знание», Алахот авода зара, гл. 1).

Корни ненависти

Идеологическая борьба между подходами Нимрода и Авраама создала в человечестве внутреннее противоречие, которое служит с тех пор отправной точкой для враждебности по отношению к евреям.

Естественное человеческое стремление к личным выгодам диаметрально противоположно устремлению на единство, ставящему во главу угла благо общества, взаимную заботу, взаимное участие. За этим конфликтом кроется антагонизм двух сил: получения и отдачи. Чем больше человек хочет для себя, тем отвратительнее в его глазах противоположная установка – ведь она грозит лишить его желанных выгод. Сама мысль об этом вызывает отторжение. И хотя в действительности отдача, наоборот, обогащает, поднимает, разрешает проблемы, эгоизм не в силах с ней мириться.

Вот почему Нимрод люто ненавидел Авраама. Так же организм автоматически отторгает инородное тело, даже если оно могло бы принести пользу. Авраам и его последователи навсегда стали чужаками в земле эгоизма, и ненависть к ним полыхает до сих пор.

Исраэль и народы

Благодаря руководству Авраама и последующих духовных лидеров, народ Израиля оставался сплочённым, тогда как другие, расселяясь по миру, продолжали пожинать плоды эгоистических противоречий. Предоставим слово Иосифу Флавию:

> *С тех времен люди рассеивались из-за разных языков, строили повсюду поселения и захватывали земли, которые им попадались и в которые приводила их Высшая сила, пока не наполнилась ими земля.*[13]

Эгоистическое развитие шло своим чередом, генерируя разнообразие культур, воззрений, укладов, социумов. Однако идейное разделение человечества оставалось всё тем же:

- большинство с общим эгоистическим знаменателем;
- меньшинство, реализующее духовное наследие Авраама.

Иными словами, все народы мира на одной чаше весов, и один народ – на другой. Этот народ «не числится в общем перечне», он пришелец, не от мира сего. Он всем одинаково чужд. И потому всплески ненависти к нему не знают границ.

А с другой стороны, в самом еврейском народе принцип единства играет двоякую роль и создает два уровня:

---
[13] Иосиф Флавий, «Иудейские древности», Книга 1.

- когда евреи спаяны взаимной отдачей, они правильно взаимодействуют с единой силой, развиваются и процветают;
- когда евреи терпят поражение в борьбе с силой получения, единая сила исчезает из их картины мира вследствие разности свойств, и они превращаются в сборище чужих друг другу, грызущихся одиночек, слабых, отверженных и гонимых.

Вершина единства

В еврейской истории жизнь на земле Израиля (ивр. э́рец Исраэ́ль) олицетворяет устремление к единству. Неслучайно слова «земля» (ארץ) и «желание» (רצון) близки друг другу. А Исраэль – значит: «прямо к высшей ступени» (ישר-אל). С другой стороны, падения в эгоизм сопровождаются изгнанием из этой земли, из устремления к взаимоотдаче.

Первым в череде таких изгнаний стало египетское рабство, откуда евреев вывел Моше (Моисей). Именно тогда у горы Синай они получили Тору – обновленную методику объединения, инструкцию по работе с эгоизмом. Название Синай символизирует ненависть (ивр. сина́), которая разобщала народ и требовала подъема к единству.

После этого народ – прежде всего, внутренне – вступил в землю Израиля, «поселился» в желании отдачи и, на пике своих усилий, построил Храм – единение высочайшего уровня, какого не было раньше.

В духовном смысле, «Храм» – это не величественное сооружение из камня и дерева, а, прежде всего, такое общество, в котором полноценно реализуется принцип «любви к ближнему». «Сердце человека должно быть Храмом», – пишет Барух Ашлаг.[14] Материальная конструкция – лишь напоминание, символ этого внутреннего единения.

Можно сказать, что еврейский народ состоит из двух пластов:
- в основе его лежит широкий спектр человеческих свойств, присущих каждому;

---

[14] Труды Рабаша, том 2, «Предал сильных в руки слабых». Kitvei Rabash. ARI. Israel. 2008. Vol. 2. P. 1251.

- над их многообразием сформировался второй пласт, «сотканный» из более высокого, духовного устремления.

Несмотря на все различия, в каждом человеке из народа Израиля коренилась тяга к развитию поверх эгоизма. Это влечение и объединило людей в одно целое, в общность, идущую к цели посредством каббалистической методики.

Здесь важно понимать, что еврейский народ сформировался вовсе не из «ангелочков» с чистыми намерениями. Наоборот, к методике Авраама тяготели обладатели наиболее развитого эгоизма, сознававшие необходимость в его исправлении. Между ними то и дело вспыхивали конфликты и раздоры, и каждый раз им приходилось заново возвышать единство в своих глазах, укрепляя внутреннюю взаимосвязь при помощи единой силы Природы.

Общая формула существования народа Израиля определена так: «Все преступления покроет любовь».[15] «Преступления» – это распри, разобщение, ненависть между людьми, а «любовь» – это способность соединять противоположности в общем подъеме над ними.

На пути к единству все внешние успехи были следствием внутренних. Сегодня, читая древние источники, мы представляем себе исторические события, обряды, традиции – а в действительности речь идет, в первую очередь, о сближении сердец, о сражениях на внутреннем фронте, об огромном мире, раскрывающемся в общечеловеческой интеграции.

---

[15] Мишлэй (Книга притчей Соломоновых), 10:12.

Один из ярких тому примеров – три паломнических праздника, во время которых весь еврейский народ стекался в Иерусалим.

Пусть трижды в год собираются евреи... в тот город, где они построят Храм... чтобы сближаться между собой... Это достигается путем таких личных отношений, когда люди, видевшиеся и общавшиеся, сохраняют память друг о друге. А если останутся без личных отношений, то будут совершенно чужими друг другу.[16]

Паломников принимали в Иерусалиме с распростертыми объятиями и расселяли по домам как родных, так что всем хватало места. Никого не обделяли заботой. Везде царила радость, все чувствовали себя единой семьей.

Тысячи людей из тысяч городов – кто-то сушей, кто-то морем, с востока и запада, с севера и юга – прибывают на каждый праздник к Храму как к общему пристанищу, к гавани, защищенной от жизненных бурь... С сердцем, полным добрых надежд... они завязывают дружеские связи с теми, кого до сих пор не знали, и в слиянии сердец... находят решающее подтверждение единства.[17]

Да, когда-то на земле Израиля жил сплоченный народ, хранивший наследие Авраама не в книгах, а в сердце.

---

[16] Иосиф Флавий, «Иудейские древности», Книга 4.
[17] Филон Александрийский, «Об особых законах», часть 1, п. 69-70.

Проникая взглядом в Природу

Еврейское мировоззрение базируется на уравновешивании двух противоположных сил: получения и отдачи, эгоизма и его антитезы, разобщения и соединения. Реализация этого подхода придала народу Израиля «глобальное видение» – способность к анализу, исходящему из двух полюсов восприятия. В его призме мир предстает единым целым, общей системой, в которой единая сила – источник противоположностей – развивает неживую, растительную, животную и человеческую природу.

При взгляде на эту картину ясно проявляются внутренние причины всех событий и явлений внешней реальности – фундаментальные законы Природы. В соответствии с ними была сформирована социальная структура еврейского народа, его система образования, культура, быт. Постоянный акцент на взаимосвязь, особое отношение к семье, к обществу, к нуждающимся, отношение к животным и растениям, к окружающей среде, сельскохозяйственные работы, праздники, календарь, даже выходные – всё проистекает отсюда.

Говоря иначе, еврейские законы и традиции, воспринимающиеся в наши дни исключительно как религиозные атрибуты, на самом деле несут в себе нечто намного большее. Изначально в них заложено соответствие законам мироздания. Бааль Сулам сформулировал это так:

Заповеди Торы есть не что иное, как законы, установленные в высших мирах и представляющие собой корни всех явлений природы нашего мира.[18]

---

[18] Бааль Сулам, «Свобода воли». Kitvei Baal Hasulam. ARI. Israel. 2009. P. 424.

Разрыв связи

Спустя короткое время после возведения Первого Храма эгоизм вспыхнул с новой силой. Народ, годами взращивавший единство, начал увязать в индивидуалистическом мировосприятии. Общество разбилось на лагеря, забота о себе возобладала над взаимным участием, и трещины прорезали сами основы Исраэля. Следствием этого стал и внешний упадок, завершившийся военным разгромом.

> *Как засвидетельствовали наши предки, Иерусалим был разрушен лишь из-за беспричинной ненависти, царившей в том поколении. Тогда заболел народ и умер, а органы его развеялись на все стороны.*[19]

Храм, разрушенный в сердцах, был уничтожен вавилонским царством, и евреи отправились в изгнание.

> *Первый Храм был разрушен из-за того, что обогащения и силы они желали больше, чем справедливости... И приняли этику соседей, чтобы наслаждаться жизнью, как того требовало от них себялюбие. А потому раздробились силы народа: часть его последовала за эгоистичными царями и предводителями, а другая часть последовала за*

---

[19] Бааль Сулам, «Личность и народ». Kitvei Baal Hasulam. ARI. Israel. 2009. P. 488.

пророками. И разобщение это продолжалось вплоть до краха.[20]

Разумеется, изгнанники не прекращали борьбу с эгоизмом. Через семьдесят лет новому поколению удалось вернуться и отстроить Второй храм. Позднее героическое восстание Маккавеев позволило уберечь народ от эллинизации.

Однако шли века, внутренние распри не прекращались, и общая тенденция к расколу оказалась сильнее единства.

Во времена Второго Храма это стало наиболее заметно, поскольку начало разделению было публично положено недостойными учениками... Они не желали избавляться от эгоизма... и стали большой сектой, называемой саддукеями. То были богатые и знатные люди, следовавшие за эгоистическими вожделениями. Это они привели Римское царство и чужое владычество над Исраэлем. Это они не пожелали заключить мир с захватчиками, по совету мудрецов, – пока не пал Храм и не был отправлен в изгнание весь цвет народа.[21]

Примерно две тысячи лет назад народ Израиля окончательно утратил связь со своим духовным достоянием. С тех пор он жил в изгнании, растекаясь по планете вместе с человечеством.

---

[20] Бааль Сулам, «Изгнание и избавление». Kitvei Baal Hasulam. ARI. Israel. 2009. P. 469.
[21] Там же.

Из-за чего были изгнаны? Из-за того, что полюбили богатство и возненавидели друг друга.[22]

В эпоху падения эгоизм правил бал, проявляясь в формах, вполне знакомых и нам сегодня: коррупция, расслоение, борьба за власть...

Так, разрывая связь с наследием Авраама, еврейский народ, по сути, теряет себя, подрывает свои основы, которые и делают его народом. А враги просто довершают начатое.

---
[22] Тосефта, Минхот, 13.

Братоубийственная война

Ненависть среди евреев достигла своего пика к концу периода Второго Храма. В книге «Иудейская война» Иосиф Флавий рассказывает, что римские военачальники радовались гражданской войне среди евреев. Они торопили Веспасиана – в то время главнокомандующего, – чтобы он использовал столь удобный момент для нападения на Иерусалим, прежде чем ситуация переменится. Однако Веспасиан ответил, что лучше дать евреям самим «сделать работу» и сгореть в пламени раздора – тогда как при римском нашествии они поневоле объединятся перед общим врагом.

> Бог – лучший полководец, чем я. Он безвозмездно отдаст иудеев в руки римлян и даст победу нашим армиям без труда и опасностей. Пока враги разят друг друга из-за ужасного проклятия – братской войны – нам лучше взирать на них издалека и сидеть спокойно, вместо того чтобы вмешиваться в распрю идущих на смерть людей, в безумии сражающихся между собой...

> Вместо того чтобы заготовлять оружие и сооружать фортификации... они лишь душат друг друга междоусобицей и рознью, ежедневно перенося кошмарные несчастья и бедствия, каких не причиним мы сами, взяв над ними верх и завоевав. Кто желает сохранить себе жизнь, тому следует предоставить им

умерщвлять друг друга до конца. Если же вы жаждете триумфальной славы, то ваш блеск не усилится от нападения на такого врага, пожираемого собственным мечом. Ибо справедливо скажут, что победой вы обязаны не себе, а раздору.[23]

Ясно, что в таких условиях Храм был обречен – и погубила его внутренняя непримиримая вражда.

С тех пор еврейский народ скитался по миру, изгнанный со своей духовной родины, из единства – в эгоизм. Главная беда этих скитаний – полное забвение основ. Бережно относясь к собственной истории, евреи не помнят, не знают ее подлинной сути. Они хранят традиции, но внутренне оторваны от той силы, что соединяла их когда-то.

---

[23] Иосиф Флавий, «Иудейская война», Книга 4, гл. 6.

Возникновение религий

После того как еврейской народ утратил восприятие цельности мироздания и перестал взаимодействовать с общей силой Природы, в мире появились авраамические религии.

Первую породили сами евреи, всецело отдавшись внешним атрибутам и оставив реализацию основополагающего принципа любви к ближнему, как к себе. Чаянья людей сконцентрировались на собственных нуждах, они просили улучшить свою жизнь и больше не требовали сил, чтобы любить. Благотворительность, порождаемая раньше внутренней близостью, перешла в разряд обязательного этического кода, а то и откровенного «набора баллов» для некоей «будущей жизни».

Пустота, образовавшаяся в сердце народа, наполнилась холодными расчетами с вымышленным образом «Восседающего в высотах». Началась конкуренция за его благоволение: кто пунктуальнее, кто праведнее, кто заслуживает награды, а кто – наказания. Так проявляется разрыв связи с Природой, до сих пор разрушающий народ Израиля.

С течением веков первоначальная «идеология единства» сохранялась лишь каббалистами. Они не оставляли исследований и работали над тем, чтобы соответствовать единой силе по свойствам. Их книги стали системой знаний, которая сегодня известна как «наука каббала».

Наука эта целиком посвящена законам и явлениям неразрывной, интегральной реальности. Однако, не понимая терминов и изложения, люди не раз искажали каббалу, приписывали ей «чудесные свойства», путали ее с мистикой, магией и прочими суевериями. Внутренний смысл науки каббала был известен лишь тем, кто обучался у учителя-каббалиста, продолжая цепочку через поколения.

Тем временем, из «народного» иудаизма произросло христианство, а спустя несколько столетий, в начале седьмого века – ислам. Обе эти религии разработали свои обряды и установили определенное отношение к евреям. Кроме того, они закрепили в сознании людей ошибочные представления о «Высшей силе», «вере», «молитве», «вознаграждении и наказании», «любви к ближнему». В конечном итоге, все три религии выхолостили эти понятия, лишив их изначального духовного смысла. С другой стороны, понятия эти были внесены в обиход как части монотеистических конструкций – и направили человечество к тому этапу развития, на котором оно сможет понять их по-настоящему.

В целом, три религии внедрили в общее мировосприятие абстрактные концепции нового, прогрессивного характера. Однако, базируясь на эгоистической человеческой природе, они часто соседствовали с ее негативными амбициями и даже приводили к войнам.

Евреи, носители иудаизма, долго оставались под властью христианства и ислама. И хотя они порвали со своими «идейными» основами, зёрна, посеянные в них на предыдущих высоких ступенях развития, давали всё новые всходы, благодаря которым евреи снова и снова «пробивались наверх», оказывая беспрецедентное влияние на жизнь мира.

Глава 3
СКИТАНИЯ

Почему народ Израиля был порабощен среди всех народов? Чтобы мир возвысился с его помощью.[24]

Две тысячи лет еврейский народ рассеивался по Земле. На протяжении этого периода евреи, с одной стороны, перенимали культуру, ценности и устремления народов, а с другой, создавали импульсы к развитию тех мест, где они поселялись.

Есть скрытая мудрость в том, что Природа оставляет нас в изгнании. Такая же, как мудрость, кроющаяся в семени: оно попадает в землю и там меняется, превращаясь в прах, воду и глину. На первый взгляд, не остается никаких осязаемых следов от того, чем оно было ранее. Однако спустя какое-то время выясняется, что семя это изменяет прах и воду согласно своей природе. Оно переводит их от ступени к ступени, пока не усовершенствуются основы и не станут подобны ему. Тогда оно пустит ростки, листья и т.д... пока не превратится в дерево с такими же плодами, из каких появилось само семя.[25]

История свидетельствует о том, что еврейские семена существенно повлияли на развитие человечества. Предоставим слово Хьюстону Смиту, американскому профессору религиоведения:

Примечательный момент характерен для всей еврейской истории. Западная культура

---
[24] Книга Зоар с комментарием «Сулам», гл. «Шмот», п. 288.
[25] Йехуда Алеви, «Кузари», статья 4.

родилась на Ближнем Востоке, и евреи стояли на ее распутьях. Во времена расцвета Рима евреи были близки к центру Империи. Когда сила сместилась на восток, еврейский центр оказался в Вавилоне; когда она перенеслась в Испанию, и там были евреи. В эпоху средневековья, когда культурный очаг переместился в центральную Европу, евреи уже ждали его в Германии и Польше. Подъем Соединенных Штатов в качестве ведущей мировой державы обнаружил сосредоточенных там евреев.[26]

Читая то, что написано о еврейском народе в изгнании, можно найти множество сюрпризов. Например, вот слова Вернера Зомбарта, известного немецкого исследователя начала прошлого века:

Подобно солнцу, шествует Израиль по Европе: повсюду, где он светит, из земли произрастает новая жизнь; а там, откуда он уходит, всё чахнет.[27]

Небольшой, но яркий пример: в 15 веке, после великого изгнания из Испании, многие евреи осели в Турции, которая приняла их весьма охотно, зная, какие экономические выгоды они несут приютившим их странам. Османский султан Баязид II был очень рад этому подарку судьбы и «цинично поблагодарил Фердинанда за то, что тот

---

[26] Хьюстон Смит, «Религии человека». Huston Smith, The Religions of Man (New York: HarperCollins, 1989), p. 299.

[27] Вернер Зомбарт, «Евреи и современный капитализм», гл. 2. Werner Sombart, The Jews and Modern Capitalism, trans. Mordechai Epstein (New Brunswick: Transaction Books, 1982), p. 13.

выслал некоторых своих лучших подданных и тем самым разорил собственную землю, в то же время обогатив другого».²⁸

На чужбине евреи неоднократно переживали четыре акта одной и той же пьесы:
- сначала они вызывали в стране расцвет;
- затем они сталкивались с неприятием и ненавистью;
- затем начинались физические нападки;
- в итоге их изгоняли, либо им приходилось бежать.

Тем не менее, эта череда несчастий не помешала народу Израиля внести свою весомую лепту в общий прогресс. Именно евреи создали базу для современной системы мировой торговли. Разбросанные по странам и континентам, они поддерживали связи между общинами и вели дела между собой. Предпринимательству способствовал общий язык, общая культурная платформа, общие ценности и взаимное доверие. Куда бы еврей ни приезжал, он везде мог погостить у местных собратьев и зайти в местную синагогу. Эта «социальная сеть» естественным образом порождала разветвленные торгово-экономические связи. Отсюда же евреи получили репутацию торговцев.

---

[28] Эрвин Люцер совместно со Стивом Миллером, «Крест в тени полумесяца». Dr. Erwin W Lutzer, and Steve Miller, The Cross in the Shadow of the Crescent: An Informed Response to Islam's War with Christianity (Harvest House Publishers, Oregon, 2013), p. 65. О том же пишет Исраэль Цинберг в своей «Истории еврейской литературы европейского периода»: «Когда король Фердинанд, изгнавший евреев из Испании, был упомянут в присутствии Баязида, тот сказал: "Как вы можете считать Фердинанда мудрым правителем, если он разорил собственную землю и обогатил нашу?"».

Секрет успеха

Достижения евреев не отрицают даже их недруги. С одной стороны, их успехи вызывали уважение, с другой – зависть. К настоящему времени появилось немало теорий, пытающихся дать рациональный ответ на вопрос: почему евреи столь удачливы в своих начинаниях?

Некоторые указывают на систему образования, в ходе которого евреи с детства учились обсуждать первоисточники и вести полемику об их смысле. Показательно, что в Южной Корее почти каждая семья ставит на полку перевод Талмуда, веря, что в нем таится секрет еврейского успеха.

Некоторые ищут разгадку в генетике, которая, якобы, обеспечивает евреям высокий коэффициент интеллекта.

А вот психологическое объяснение: необходимость акклиматизироваться и выживать в изменчивых условиях отточила еврейский разум.

Одним словом, ответов есть множество, однако все они упускают из виду корень феномена. Мы с вами уже знаем, что еврейский народ изначально учился рассматривать и анализировать явления на контрасте двух полярных сил получения и отдачи, видя в реальности единую систему. И хотя с крушением Храма евреи утратили духовный пласт сознания, в них все еще отпечатан подход, выстраивающий объективную картину над противоположностями.

Эта искра былого костра, часть общей созидательной силы, развивающей мир, обеспечивает значительные преимущества, позволяет достигать успеха, выделяться. Именно она подвигала евреев к поиску новшеств, побуждала к изобретениям. Более широкий и глубокий взгляд на действительность придает понимание того, как налаживать связи, вести дело, выстраивать компанию, поддерживать баланс доходов и расходов... Умение разглядеть общий план помогает евреям в бизнесе, в финансах, в науке и в других сферах деятельности. Вот почему на протяжении последних веков, когда они начали выходить за рамки своего общинного мира и получили возможность интеграции в западные общества, их социальная роль столь непропорционально возросла.

Отсюда становится ясно и то, что происходит со страной, отказывающейся от евреев. Изгоняя их, она, по сути, лишается «клея», или «скреп», соединявших части системы. Последствия нетрудно предугадать. Неслучайно современная Франция серьезно опасается еврейского исхода, понимая, что его цена может оказаться слишком высокой.

Вероятно, понимали это и в средневековой Испании. Однако ненависть к народу Израиля со временем пересиливает рациональные расчеты.

Ненавистные всем

Это началось еще в Древнем Вавилоне – из-за конфликта между естественным эгоистическим желанием и устремлением к высокому единству людей. С тех пор ненависть рядилась в самые разные одежды.

Величайшие мыслители, философы и историки древнего мира – такие как Манефон, Сенека, Тацит – утверждали, что иудеи прокаженные, что они являются «источником проклятий и болезней». Стихийные бедствия и эпидемии объясняли гневом богов на еврейский народ. Кровавые наветы о человеческих жертвоприношениях начались задолго до нашей эры.

С приходом христианства ненависть обрела религиозные основы. Евреи были объявлены врагами веры, ответственными за распятие Иисуса. В христианском Риме на евреев были наложены законодательные ограничения, нередко «подкреплявшиеся» насилием и сжиганием синагог.

Средневековье добавило жару в костер ненависти, превратив нападения, погромы, резню и наговоры в обычную практику. Евреям приписывали колдовские способности, связь с дьяволом, отравление колодцев, ответственность за Черную смерть – страшную эпидемию чумы в 14 веке.

В те времена европейские правители придерживались линии на подавление меньшинств. Евреев изгоняли и истребляли за отказ креститься. Многие испанские евреи, принявшие христианство, продолжили в тайне соблюдать обычаи иудаизма. Однако свирепствовавшая инквизиция сжигала их после вырванных под пытками признаний. Ко всем прочему, евреям запрещалось заниматься строго регламентированной в те времена профессиональной деятельностью – иными словами, зарабатывать себе на жизнь...

Возникшее в 16 веке протестантство поддержало «традиции» кровавых наветов и насилия.

Что касается ислама, он определил евреев как еретиков, заслуживающих смерти. Антисемитизм в мусульманском мире долгое время «тлел» на углях, проявляясь слабее, чем в Европе. При этом религиозные тексты более поздних периодов, такие как Хадис, содержат больше упоминаний о ненависти к евреям, чем Коран. В целом, не стоит обманываться: с 11 столетия мусульмане, подобно европейцам, ограничивали евреев в правах, периодически громили, резали, жгли и изгоняли их.

Новая надежда

В 16 столетии власть католической Церкви в Европе была серьезно поколеблена протестантизмом и религиозными войнами. Наряду с этим Коперник и Галилей возвестили начало концептуальной научной революции. В воздухе повеяли свежие ветры, гегемония догм начала отступать под ударами новых времен.

Так началась эпоха Просвещения. Ее мыслители полагали, что рационализм проложит путь к установлению правильного социального устройства, в котором религия больше не будет играть главенствующую роль. Вместо нее на историческую сцену вышли принципы свободы личности, человеческого достоинства, равенства всех людей.

Эти тенденции быстро набрали силу. В конце 18 века Великая французская революция уравняла евреев в гражданских правах. Новое законодательство укрепило их общественный статус, повысило уровень жизни – и в то же время ослабило общинные связи между ними. Интересно, что эта двоякая тенденция была преднамеренной. Настроения тех лет отразились в словах графа Клермон-Тоннера, одного из сторонников социальной интеграции евреев:

> *Противники еврейского народа нападают на меня, говоря, что он не вовлечен в общество. Евреям вменяют кредиты по ростовщическим ставкам; они не могут быть соединены с нами ни браком, ни связями общественных*

отношений; наша пища им воспрещена, наши столы запрещены; в наших армиях никогда не будет евреев, служащих в защиту отечества.

Худший из этих упреков несправедлив; другие – всего лишь правдоподобны...

Это ростовщичество, столь справедливо осуждаемое, – следствие наших собственных законов. Дайте им землю и страну, и они перестанут ссужать деньги – вот средство исцеления. Что касается их замкнутости, она преувеличена. Да и существует ли она? Есть ли закон, который обязывает меня жениться на вашей дочери? Есть ли закон, который обязывает меня есть зайца, причем есть его с вами?..

Однако, говорят они, у евреев свои судьи и законы. А я отвечаю: это ваша вина, и вам не следует этого допускать. Мы должны во всем отказать евреям как народу и всё предоставить евреям как индивидуумам.[29]

Так или иначе, возможность влиться в общество, наряду с декларацией равенства и свобод, привлекала евреев всё больше. Поставив в центр личное развитие человека, прогрессивная в ту пору идеология Ренессанса стимулировала усиление индивидуалистического, раздробленного самосознания в еврейском народе. Из тесных

---
[29] Станислас Клермон-Тоннер, речь о религиозных меньшинствах и сомнительных профессиях, 23.12.1789.

общинных рамок потекли ручейки одиночек, желавших добиться личного успеха. Внешняя стена, возведенная за неимением внутреннего единства народа, была прорвана.

Революция восприятия

За период 15-19 веков мир изменился до неузнаваемости и рывком приблизился к границам роста. Книгопечатание, расцвет науки, Промышленная революция, новые технологии – всё это не только улучшило жизнь людей, но и сблизило, свело их заново в общую геополитическую и социоэкономическую систему. Земледельцы переходили в индустрию, население начало концентрироваться в городах, торговля вышла на новый уровень.

По мере своего роста, эгоизм раз за разом облачался в новые социально-экономические одеяния. Их капиталистическая версия потребовала учреждения института частной собственности и свободного рынка. Постепенно западная цивилизация поставила на первое место не статус, а человека как такового – правда, в потребительском его виде. Оформилась либеральная платформа ценностей, прозвенели высокие слова о праве каждого на стремление к счастью, и хотя счастье это было строго задано самой структурой рыночных отношений, тем не менее, капитализм энергично принялся прогибать под себя мир.

Глобальность, со всеми ее плюсами и минусами, стала неизбежным следствием наших новых запросов. Суть ее в том, что технически она снова собирает людей в общее целое, вопреки внутреннему вектору на разобщение. И это далеко не случайно – развитому эгоизму выгодна всеобщая взаимосвязь. Она предоставляет отличную почву для **растущего желания эксплуатировать других людей и природные ресурсы**.

Во времена Промышленной революции, заложившей основы современной экономики, алчность предпринимателей и банкиров привела к массовому производству товаров далеко не первой необходимости. Благодаря этому возник новый класс – буржуазия, а в дальнейшем западное общество перешло на потребительские рельсы. Параллельно масштабные «замашки» верхних эшелонов запустили мотор империализма, который, видоизменяясь, продолжает жить и здравствовать по сей день.

Все эти этапы абсолютно закономерны. Более того, будучи в свое время прогрессивными нововведениями, они принесли немало пользы. Проблема же в том, что рост желаний не останавливается, и потому со временем, а то и сразу наши достижения оборачиваются нам во вред.

Что поделать, человеческий эгоизм ненасытен. Из века в век он становится всё более искусным, изобретательным, амбициозным и агрессивным.

Девятнадцатое столетие знаменует и другие важные сдвиги в мировоззрении.

Новая классовая модель, оторванная от религии и былых «незыблемых» традиций, высветила негативную картину эксплуатации и породила естественное устремление к социальному равенству. В 1848 году вышел в свет Коммунистический манифест Маркса и Энгельса, обозначивший начало долголетнего противостояния между идеями капитализма и социализма.

Наряду с этим, в 1859 году Чарльз Дарвин издал свой знаменитый труд «Происхождение видов», обосновавший теорию эволюции на основе естественного отбора. В упрощенном виде, новая доктрина описала развитие жизни на земле как борьбу за выживание. Наиболее приспособленный вид получает решающие преимущества, тогда как наименее приспособленные обречены на вымирание.

Эта идея породила «социальный дарвинизм», чуждый самому Дарвину, – искаженный взгляд на общество, проводящий параллели между видовой и человеческой конкуренцией. «Эволюционное» право сильного – наиболее развитого, предприимчивого, приспособленного или просто богатого – попирать слабых обеспечило негласное обоснование необузданным и нерегулируемым формам капиталистической экспансии, таким как колониализм.

Кроме того, «идеологическая» интерпретация принципов естественного отбора создала плодородную почву для расовых теорий.

Великая еврейская социализация

Ретроспективный взгляд на новые времена свидетельствует о том, что евреи сполна реализовали предоставившийся им шанс и проявили себя во всех возможных областях. Живя среди народов, они переняли у них желания, чаянья, концепцию жизненных целей – и придали истории существенный импульс.

Благодаря «свойству успешности» евреи разрабатывали научные и общественные теории, развивали образование и культуру, разгоняли экономику. Вырвавшись на просторы раскрепощенного мира, они совершили головокружительный рывок, стали полноправной частью общества, заняли позиции во власти и управлении финансами. Их вовлеченность в разнообразные виды деятельности на десятки процентов превышала их долю в населении.[30]

Такие имена как Эйнштейн, Фрейд, Маркс, Ротшильд известны всем, однако за ними – целое море других имен, оставивших яркий след в науке и творчестве, в развитии технологий, в политике, в предпринимательстве, в общественной сфере. Этот невероятный успех уже давно вызывает удивление многих думающих людей.

С другой стороны, эмансипация не затронула Россию и Восточную Европу, где по отношению

---

[30] «Вклад евреев в мировой список великих имен в литературе, науках, искусстве, музыке, финансах, медицине и глубоких познаниях далек от их непропорционально малой численности» (Марк Твен, «Касательно евреев», Mark Twain, "Concerning the Jews", Harper's Magazine, September 1899, pp. 527-535).

к евреям вводились различные реформы, иногда улучшавшие, а иногда ухудшавшие их положение. Однако и здесь евреям удавалось пробиться наверх: семьи Высоцкого и Бродского захватили контроль над рынками чая и сахара, семья Полякова преуспевала в строительстве железных дорог.

«Еврейская проблема»

В конце 19 века западная экономика погрузилась в финансовый кризис. Социалистические течения критиковали монополистов, ситуация скатывалась в сторону радикализма и войны.

Большинство евреев тогда жили в бедности, будучи простыми работниками. Тем не менее, видные экономические успехи нескольких еврейских семей раздували естественную вековую ненависть. Именно в тот период возникли и получили широкое распространение «Протоколы сионских мудрецов» – фальшивый документ о том, как евреи, якобы, замышляют захват власти над миром. Согласно «протоколам», евреи инициировали революции в Европе, строили планы по обману европейцев, контролировали цену на золото и средства массовой информации.

В 1881 году в России поднялась волна еврейских погромов, охватившая сотни населенных пунктов.

Во Франции, на родине свободы, антисемитские настроения привели к знаменитому делу Дрейфуса, офицера генштаба еврейского происхождения, которого в 1894 году по подложным обвинениям признали виновным в шпионаже на пользу Германии. Именно тогда, слушая, как после приговора толпа скандирует «Смерть евреям!», Теодор Герцль, основоположник сионизма, задумался о возвращении народа в свою землю.

Повсюду мы искренне и честно пытались абсорбироваться в народах, среди которых жили, сохраняя лишь веру наших предков.

Однако нам не позволяют это делать. Мы верные патриоты, а кое-где даже чрезмерные – но тщетно. Мы жертвуем достоянием и жизнью, подобно нашим согражданам – но тщетно. Мы трудимся во славу наших отечеств в искусствах и науках, мы стремимся увеличить их богатства торговлей и деловыми связями – но тщетно. Даже если мы живем в наших отечествах уже столетиями, нас клеймят как чужаков.[31]

В целом, хотя надежды на интеграцию оправдались, социальное раскрепощение евреев повлекло за собой гнев масс и сделало их еще более уязвимыми перед атаками антисемитизма. Несмотря на прогресс в отношениях с народами, евреи так и не стали в глазах населения полноценными гражданами.

Тогда-то впервые народ Израиля начал сознавать простую вещь: что бы он ни делал, какие бы усилия ни предпринимал, для других он навсегда останется чужеземцем, инородным телом, нежеланным пришельцем из другой земли. Евреи «другие», даже если они «свои». И каждый их успех – повод для ненависти к ним.

---

[31] Теодор Герцль, «Еврейское государство», 1896.

Предупреждение

Поняв, что ненависть перманентна, многие евреи эмигрировали в США. Другие примкнули к идее Герцля и даже начали ее реализацию.

Между тем, каббалистам было ясно, что недостаточно просто переехать, сбежать от антисемитизма, даже на свою историческую землю. Ведь еврейский народ является проводником всеобщего объединения – и именно эта задача встала перед человечеством на новом витке развития.

Несколько каббалистов открыто заявили о том, что на своей земле евреям надо создать не только государство, но сплоченное, дружное общество, на которое смогут равняться остальные. Центральными фигурами в передаче этого послания были двое: Бааль Сулам (1884–1954) и Авраам Ицхак Кук (1865–1935).

Во время Первой мировой рав Кук обратился к собратьям с волнующими словами:

> *Становление мира, обрушающегося сегодня в пучину ужасных бурь от залитого кровью меча, требует становления народа Израиля. Становление народа и раскрытие его духа – суть одно целое, полностью объединенное со становлением мира, который рассыпается в ожидании силы, полной единства и высоты. И всё это заложено в самой сути общности Исраэля.*[32]

---

[32] Авраам Ицхак Кук, «Орот».

Рав Кук призвал евреев не медля отправиться в землю Израиля, куда сам он переехал в 1904 году.

Бааль Сулам, как уже сказано в начале книги, действовал в том же ключе. В 1919 году он обратился к ведущим раввинам Польши, предупреждая, что период изгнания завершился и евреям следует не мешкая ехать в землю Израиля. В те годы Польша, боровшаяся за независимость, вымещала на евреях свой гнев и отчаяние. Однако руководители общины отвергли совет Бааль Сулама, утверждая, что сионистское движение носит светский характер и потому не имеет к ним отношения.

Несмотря на этот вердикт, Бааль Сулам «ушел в подполье» – выяснил ситуацию в земле Израиля, тайно организовал группу из нескольких сотен семей, готовых к переезду, и заказал из Швеции сборные домики. Каждому главе семейства в обязательном порядке было поручено освоить профессию, которая позволила бы ему достойно зарабатывать на жизнь.

Однако с приближением сроков реализации «проекта» тайна вышла на свет, после чего на группу было оказано тяжелейшее давление, вынудившее ее распуститься. В 1921 году Бааль Сулам, изгнанный из общины под гром тяжких обвинений, использовал первую возможность, чтобы отправиться на Ближний Восток со своей семьей.[33]

В результате, отринув призывы каббалистов, евреи, оставшиеся в Европе, попали в жернова самой страшной из всех напастей.

---

[33] Йосеф Брамсон, «Дни мира: неотвратимый конец», Иерусалим, 1979.

Мир под ружьем

На рубеже девятнадцатого и двадцатого столетий мировой порядок оказался подорван. Причины тому были серьезные: соперничество империй, начало гонки вооружений, территориальные конфликты. В целом, столкновение державных интересов вызывало с каждой стороны огромное желание передела мировых ресурсов в свою пользу.

В 1914 году разразилась Первая мировая война, унесшая десятки миллионов жизней и перекроившая карту Европы. В 1919 году, по итогам схватки, была подписана серия мирных договоров.

Однако захватнические порывы вовсе не иссякли, и со временем из них произросли радикальные идеологии. Очень скоро фашисты дорвались до власти в Италии, которая стремилась к гегемонии над Средиземноморьем. Позднее нацисты, победившие на выборах в Германии, поставили себе целью завоевать Европу и установить в ней новый порядок.

В этих условиях Вторая мировая война стала неизбежной задолго до того, как Гитлер напал на Польшу. В 1933 году, с приходом нацистов к власти, Бааль Сулам предупреждал:

Человечество жарится на огне в жутком котле. Меч и голод, а также их следствия, не отступили от него по сей день... Тяжкое эгоистическое противостояние между людьми, наряду с которым обостряются национальные отношения, – всё это не уйдет из мира, какие бы ни применялись способы и средства. Мы видим, как несчастный больной корчится и ворочается от смертельной, нестерпимой боли со всех сторон. Человечество уже бросалось к крайне правым, как в Германии, или к крайне левым, как в России, но не только не облегчило свое положение, а еще более ухудшило болезнь и боль.[34]

По сути своей, самую страшную бойню в истории человечества инициировала **неимоверно возросшая жажда тотальной власти над другими**. Эта страсть к расширению, к вторжению в чужие пределы, к «поглощению» всех и вся является непременным атрибутом человеческой природы. Она ультимативно требует развиваться и в то же время разрушать – потому что на самом деле под «прогрессом» понимает самонаслаждение за счет других.

В целом, все события и конвульсии истории, вместе с их политической, экономической и социальной канвой, есть не что иное, как отражение растущего эгоизма и внутренней отчужденности между людьми. Вот что пишет об этом Бааль Сулам:

> *Природа каждого человека состоит в том, чтобы использовать жизнь всех людей в мире себе на благо... Человек чувствует, что все в мире должны быть подвластны ему и служить его личной выгоде. Это непреложный закон. А всё различие состоит лишь в*

---

[34] Бааль Сулам, «Мир». Kitvei Baal Hasulam. ARI. Israel. 2009. P. 407.

том, какой выбор человек делает. Один выбирает использовать людей путем удовлетворения низких страстей, другой – через обретение власти, третий – через завоевание почестей. Более того, если бы это не требовало больших стараний, человек согласился бы эксплуатировать мир тремя способами одновременно: и через богатство, и через власть, и через почести. Однако ему приходится выбирать сообразно со своими возможностями и способностями.[35]

---

[35] Бааль Сулам, «Мир в мире». Kitvei Baal Hasulam. ARI. Israel. 2009. P. 462.

Антисемитизм на расовой почве

> *Дьявол воплощается в осязаемом обличии еврея.*[36]
>
> *Если еврей одержит победу над остальными народами мира, его венец станет погребальным венком человечества.*[37]

В 1925 году был опубликован первый том книги Адольфа Гитлера «Моя борьба», ставшей идеологической базой для оправдания геноцида. Автор приводит множество доводов, объясняя превосходство арийской расы и неполноценность расы еврейской, самим своим существованием разрушающей чистый немецкий народ. Гитлеровское мировоззрение, в полной мере использовавшее волну расистских настроений, отразило новый пик – или новое дно – человеческого эгоизма.

Радикальный расистский антисемитизм, в отличие от «традиционной» ненависти, не оставлял евреям почти никаких шансов. Даже сменив веру, они не смогли бы выскользнуть из его когтей.

В своем «походе на евреев» Гитлер видел высшую миссию:

> *Вечная природа безжалостно мстит за нарушение ее велений. Таким образом, сегодня я верю, что действую согласно воле всесильного Творца: защищая себя от евреев, я сражаюсь за Божье дело.*[38]

---
[36] Адольф Гитлер, «Майн кампф»
[37] Там же.
[38] Там же.

Подобно Веспасиану, Гитлер тоже находит у евреев ахиллесову пяту:

> *Еврей стремится к единству, только если на то вынуждает его реальная опасность или соблазняет общий разбой. Когда же обе эти причины больше не действуют, их место занимают ярко выраженные эгоистические свойства, и в мгновение ока сплоченный народ превращается в стаю крыс, сражающихся друг с другом до крови.*[39]

В 1933 году нацисты пришли к власти, и их антисемитизм начал воплощаться в жизнь. В 1938 году Гитлер был готов выслать немецких, австрийских и чехословацких евреев в любые страны, которые согласились бы их принять:

> *Остается только надеяться и ожидать, что другой мир, испытывающий столь глубокую симпатию к этим преступникам, будет, по крайней мере, достаточно великодушен, чтобы претворить свою симпатию в практическую помощь. Мы, со своей стороны, готовы передать всех этих преступников в распоряжение этих стран – по мне, хоть на роскошных лайнерах.*[40]

В июле 38-го представители свободного мира собрались во Франции на Эвианскую конференцию,

---
[39] Там же.
[40] Ронни С. Ландау, «Нацистский Холокост: его история и смысл». Ronnie S. Landau, The Nazi Holocaust: Its History and Meaning (US: Ivan R. Dee, 1994), p. 137.

чтобы обсудить решение «еврейской проблемы» – а иначе говоря, решить судьбы людей, обреченных фашизмом на смерть. Делегации выразили свое сочувствие жертвам, оказавшимся под пятой убийц, но не взяли на себя обязательств и не предложили реальных мер. Спустя несколько месяцев разразилась Вторая мировая война. Участь европейских евреев была решена.

Вторая мировая, со всеми ее чудовищными жертвами, евреям уделила «особое внимание». Она сделала возможным их методический геноцид беспрецедентных масштабов, происходивший на виду у всех. В итоге самый мощный в истории взрыв эгоизма продемонстрировал миру и еврейскому народу, что их конфликт далеко не завершен.

Превыше всего, я обязываю руководство нации и его последователей самым тщательным образом соблюдать расовые законы и оказывать безжалостное сопротивление всемирному отравителю всех народов – международному еврейству.[41]

Нацистская Германия направила на евреев указующий перст, назвав их виновниками всех бед мира. На фоне чудовищных преследований других народов, обвинения против евреев, с последующим их истреблением, заняли центральное место в нацистской идеологии. Всего, по официальным

---

[41] Политическое завещание Гитлера, 29.04.1945

оценкам, в геноциде евреев погибли порядка шести миллионов человек.

Было ли это сумасшествием, умопомрачением горстки фанатиков, сумевших увлечь за собою массы? Или здесь скрыто нечто иное?

Глава 4
ЗЕМЛЯ ИЗРАИЛЯ

Мы призываем еврейский народ во всех странах рассеяния сплотиться вокруг евреев земли Израиля в репатриации в страну и ее строительстве и поддержать их в великой борьбе за осуществление стремления поколений к избавлению Исраэля.[42]

В 1948 году ООН принял решение о создании еврейского государства. На израильский берег волнами стали накатывать репатрианты из Европы, Северной Африки и Азии. Началось строительство страны и возрождение народа, казалось, навсегда разбросанного по миру.

В течение первых двух десятилетий политическое руководство действовало по принципу «плавильного котла». Его задачей было перемешать и сплавить воедино людей разной ментальности, говоривших на разных языках и принадлежавших разным культурам. По замыслу, в итоге они должны были создать модель общей израильской самоидентификации.

В этом контексте утвердился образ сабры (на иврите *цабар* – «кактус») – коренного труженика-израильтянина, колючего снаружи и мягкого внутри. Фактически, выстраивать его начали с начала прошлого века, а с появлением термина-эмблемы он постепенно приобрел «официальный статус».

«Новый еврей» родился из стремления покончить со «старым евреем», сломленным и преследуемым. В сабре нет страха, слабости, он больше не

---
[42] Декларация независимости Израиля.

изгнанник и в то же время не «буржуй». Он сын первых поселенцев, идеалист с сильным характером, загорелый земледелец, воин.

Разумеется, этот портрет трансформировался на пути из прошлого в наши дни, но тогда сам дух времени требовал объединить народ общей мечтой, общими целями, общим вектором на созидание страны. Ведь страну эту, спустя тысячи лет опустошения, приходилось заново осушать от болот, засаживать деревьями, застраивать и защищать.

Однако в то же самое время Бааль Сулам продолжал предупреждать о том, что недостаточно строить, сеять, производить, прокладывать дороги и создавать новый культурный сплав. Наряду со всем этим необходимо возрождать **дух народа**, базирующийся на его исконной «идеологии единства». Без этого народу Израиля не прожить – тем более, на своей земле.

Сегодня, оглядываясь назад, можно увидеть, что политика «котла» пыталась стереть различия, игнорируя несовместимость. Она выстраивала **не единство, а единообразие**. Основной упор делался на новоиспеченной израильской культуре, к которой «примешивали» львиную долю европейской, поскольку первые крупные волны иммигрантов шли именно из Европы. Результаты такого подхода оказались двоякими. Например, последующая массовая репатриация из других регионов угодила в «культурный капкан», последствия которого расхлебывали еще долго.

На самом деле, нельзя стирать различия ценой человеческой самоидентичности. Бааль Сулам объяснил эту ошибку: подлинная связь между людьми никогда не возникнет на затушевывании идентичностей, со всеми их расхождениями, конфликтами и противоречиями. Настоящее, позитивное единство проистекает из душевной, духовной взаимосвязи, возвышающейся над всем, что разъединяет. Эта связь создает внутреннюю близость, общность между людьми, суть которой – отдача, такая же у самой Природы.

В 1940 году, видя, куда идет дело, Бааль Сулам опубликовал статью «Личность и народ», в которой описал те основы, на которых необходимо утвердить общество и государство.

Личность и народ

> *Единственная надежда – основательным образом разработать для себя заново систему воспитания, ... внести в каждого из нас чувство любви к народу – как человека к человеку, так и человека к обществу... И задача эта предваряет любую другую.*[43]

Основной принцип состоит в том, чтобы формировать в обществе такие же отношения, какие свойственны дружной семье. Различия вовсе не стираются – напротив, благодаря им все восполняют друг друга, создавая гармоничное целое, единый народ.

> *В связи с вышеупомянутым народным воспитанием я должен сразу же подчеркнуть, что хотя намерение мое состоит в том, чтобы укоренить меж представителями народа еще бо́льшую любовь по отношению друг к другу в частности и к народу в целом, во всю возможную меру высоты, – вместе с тем это совершенно не перекликается с шовинизмом или столь ненавистным нам фашизмом.*[44]

Единый народ не противопоставляет себя другим, в нем нет «национального зазнайства». Наоборот, ко всем остальным он относится с той же взаимоотдачей, которая действует внутри него.

---

[43] Бааль Сулам, «Личность и народ». Kitvei Baal Hasulam. ARI. Israel. 2009. P. 490-491.
[44] Там же.

Только так из собрания изгнанников и их потомков может родиться настоящий народ Израиля, в котором каждый уникален, и все – вместе.

Из жизненного опыта мы видим, что развитие народа полностью аналогично развитию отдельного человека, а роль каждой личности в народе аналогична роли органов тела индивидуума. В теле каждого человека должна поддерживаться полная гармония между его органами: глаза видят, мозг использует их, чтобы мыслить и давать рекомендации, и тогда руки работают или сражаются, ноги шагают, и т.п. Каждый орган стоит наготове и ждет своего часа. Так же и органы, которые составляют тело народа, – консультирующие, предоставляющие работу, работающие, руководящие и т.п. – должны взаимодействовать, исходя из полной гармонии. Таково обязательное условие нормальной жизни народа и надежного существования.[45]

Подобно органам тела, все люди разные. Это многообразие как раз и создает в конечном итоге ощущение цельности, общей семьи, благо которой все ставят во главу угла. Взаимное поручительство всех частей обеспечивает процветание целого.

Бааль Сулам заранее предупреждал, что еврейское государство нельзя рассматривать исключительно как убежище от антисемитизма, в которое сбиваются собратья по несчастью. Народ

---
[45] Бааль Сулам, «Личность и народ». Kitvei Baal Hasulam. ARI. Israel. 2009. P. 488.

должен быть спаян духом единства, а не врагами, из-за которых все, естественно, теснее жмутся друг к другу.

> *Соединение, возникшее вследствие внешнего фактора, отнюдь не является народным. В этом мы похожи на массу орехов, внешне соединенных в одно целое мешком, который облегает и сдавливает их. Однако такая слитность не превращает их в спаянное тело. Каждое легкое колебание мешка вызывает пересыпания и разъединения, в результате чего орехи каждый раз составляют всё новые частичные комбинации и сочетания. Всё, чего им недостает, – это естественная сплоченность изнутри, а вся сила их соединения порождена внешними обстоятельствами.*[46]

Эти слова, написанные в начале сороковых годов прошлого века, по существу, предсказывают разобщение израильского общества, с годами проявлявшееся всё сильнее. Беда сплачивает его, но как только опасность отступает, все расходятся по своим «комнатам».

> *Естественная смерть индивидуума является результатом отсутствия гармонии между его органами – так же и естественный закат народа есть результат определенной помехи, возникшей между его органами.*[47]

---

[46] Бааль Сулам, «Личность и народ». Kitvei Baal Hasulam. ARI. Israel. 2009. P. 489.
[47] Бааль Сулам, «Личность и народ». Kitvei Baal Hasulam. ARI. Israel. 2009. P. 488.

«Отсутствие гармонии» означает, что личность предпочитает свое личное благо общему. Распространяясь и обостряясь, этот дисбаланс ведет к отказу систем. Так же раковая опухоль растет за счет окружающих клеток, «забыв» о нуждах тела, пока не умерщвляет его – и себя вместе с ним.

Бааль Сулам не просто писал об этом, он всеми силами пытался достучаться до сердец. И опять столкнулся с сопротивлением: ультраортодоксальные круги дважды донесли на него британским мандатным властям. Из-за ложных обвинений его публикации запрещались в 1933 и в 1940 годах.

Однако, несмотря на трудности, Бааль Сулам не сдавался. Снова и снова он встречался с еврейским руководством и общественными деятелями тех лет. Среди них были три будущих премьер-министра Израиля Давид Бен-Гурион, Моше Шарет и Залман Шазар, один из лидеров сионистского рабочего движения Хаим Арлозоров, знаменитый поэт Хаим Нахман Бялик, будущие депутаты Кнессета и лидеры партий.

Ну а позднее, когда настало время действовать, никто так и не позаботился о том, чтобы заложить верные социальные основы в отношения между людьми. Последствия этой ошибки терзают страну до сих пор.

Расщепление

Шестидневная война 1967 года стала пиком достижений молодого государства. Тогда был воссоединён древний Иерусалим. Солдаты, освобождавшие его, не могли поверить, что сделали это. По всему миру евреи воспряли духом, почувствовав, что созданная на пепле Катастрофы страна получила «билет в реальность» и сказала всему миру: «Мы здесь, мы есть, мы независимы».

Советское еврейство, узнав о победе, тоже увидело наконец, что Израиль – это всерьез и надолго. Помню, как студентом я ловил каждый клочок информации, каждую весточку с Ближнего Востока.

А страна тем временем ликовала. «Это даже более счастливый день, чем день провозглашения государства», – сказал Давид Бен-Гурион. Премьер-министр Леви Эшколь заявил, что мы «сплочены и сильны как никогда ранее».

Хорошо, что никто не знал, во что превратится Иерусалим спустя полвека. Вернуть стены – еще не значит вернуть дух...

В Израиль я приехал в 1974 году. Это было время, пронизанное горьким послевкусием Войны Судного дня. Именно она рассеяла эйфорию и показала, как далеки евреи Израиля от заявленных идеалов.

В 1973 году коалиция арабских стран застала Израиль врасплох и заставила заплатить тяжелую цену за свое существование. Пролитая кровь смыла гордыню и самоуверенность. Ощущение солидарности сменилось горечью, разочарованием, разобщением, недоверием к политическому руководству. Удивительно, но итоговая победа на всех фронтах повлекла за собой тяжелые последствия для общества.

Сионистская мечта, несколько десятилетий сплачивавшая народ, покрылась трещинами. Воодушевление уступило место будням. За былыми идеалами обрисовались обычные игры власти и капитала. Эгоизм вернулся на трон. Хотя, собственно, он никуда и не уходил.

В последующие годы, расставаясь с романтической юностью, Израиль всё больше пленялся одной большой мечтой. Американской мечтой. А она, как известно, насквозь индивидуалистична.

В результате сабра внутренне повзрослел, стал мыслить «глобальнее». Правда, современная глобальность обладает странным свойством – она сужает поле зрения, оставляя в нем только личные интересы. И потому сабра закрыл двери сознания, отказался от общих устремлений, чтобы всецело посвятить себя себе.

Постепенно материальные ценности завоевали израильское общество. Потребительский образ жизни стал для него нормой. Секторальность разделила его на части по самым разным осям. Народ Израиля? Нет, всё те же изгнанники, запутанные эгоизмом окончательно. Вернувшись на свою землю, они еще не вернулись к своим истокам. И эта пауза не может длиться вечно.

☙❧

Евреям, как мы знаем, не занимать новаторства и изобретательности – и потому, технически, Израиль добился больших достижений. За несколько десятилетий он стал мировой державой в таких отраслях как, скажем, стартапы, капельное орошение или беспилотные летательные аппараты. Страна может похвастаться огромным количеством научных и технологических разработок в медицине, электронике, компьютерной технике, медиа-ресурсах, коммуникациях, интернете, соцсетях, сельском хозяйстве, охране окружающей среды...

При этом отдельные сектора в стране, буквально, не пересекаются между собой, как будто живут в разных мирах. Впрочем, нет, пересекаются – когда делят бюджет.

Если рассортировать израильтян по степени религиозности на четыре основных группы, то выяснится, что представители этих групп почти не вступают друг с другом в браки. Согласно масштабному исследованию "Pew Research Center"[48], доля смешения колеблется в пределах 5-15%, в лучшем случае достигая 36%.

За 2017 год в ивритоязычном сегменте интернета было зарегистрировано более пяти миллионов выражений ненависти – рост на 16% по сравнению с прошлым годом.[49]

Всё это – только малая часть картины распада и осей разлома, пересекающих сегодня еврейский народ.

---

[48] "Pew Research Center", Israel's Religiously Divided Society, март 2016:
http://www.pewforum.org/2016/03/08/israels-religiously-divided-society.

[49] Отчет «Фонда Берла Каценельсона», март 2017:
http://hasata.berl.co.il/?page_id=464.

Израиль и мир

Осознав масштабы еврейской трагедии во Второй мировой войне, мир решил предоставить евреям возможность построить свою страну, а также принял законы против ненависти, антисемитизма и расизма.

В принципе, всё так, но...

Американский Госдепартамент был категорически против создания Израиля, так что президенту Гарри Трумэну пришлось пойти на конфронтацию с целым блоком высокопоставленных чиновников и министров.

После провозглашения независимости Израиля прошло целых три дня, прежде чем первое государство признало ее официально. Этим государством был... Советский Союз.

Во время Войны за независимость, когда легитимно возникший согласно резолюции ООН Израиль отчаянно нуждался в оружии, Запад бросил его на произвол судьбы. Часть вооружений британских мандатных сил попала к арабам. Сама Великобритания грозила военным вмешательством на стороне... Египта. США объявили эмбарго на поставку вооружений – что ударило именно по Израилю. В конечном итоге, оружие удалось закупить через Чехословакию при помощи того же СССР.

Вы еще верите в то, что отношение к евреям кардинально изменилось?

Другие народы, победив на поле боя, диктуют свои условия мира. Однако если Израиль одерживает победу, он должен молить о мире.

> *Все ожидают, что евреи будут единственными настоящими христианами в мире. Другие народы в случае поражения выживают и приходят в себя. Однако Израиль, потерпи он поражение, будет уничтожен... Евреи одиноки в мире... Меня не покидает предчувствие: как идут дела у Израиля, так они пойдут и для всех нас. Исчезни Израиль – и над нами нависнет Холокост.*[50]

∽∾∽

Поскольку в современном просвещенном мире «традиционный» антисемитизм поставлен вне закона, он начал принимать новые формы. Как правило, эти новшества сводятся к антисионистской и антиизраильской деятельности. В последние годы усиливаются попытки делигитимизировать государство Израиль под теми или иными предлогами. На деле, речь идет о той же самой ненависти, только прикрывающейся «пристойными» масками. Ну а там, где этого не требуется, она кипит с прежней силой, и потому евреев в таких местах, практически, не осталось.

Предоставим слово Мартину Лютеру Кингу:

> *В западных странах больше не популярно открытое выражение ненависти к евреям. Как следствие, антисемит постоянно ищет новые формы, способы и подмостки для капель-*

---
[50] Эрик Хоффер, «Особое положение Израиля» ("Israel's Peculiar Position"), «Лос-Анджелес таймс», 26.5.1968.

своего яда... Он больше не ненавистник евреев – он всего лишь антисионист.

Друг мой, я не обвиняю тебя в преднамеренном антисемитизме. Я знаю, что ты, как и я, испытываешь глубокую любовь к истине и справедливости и отвращение к расизму, предрассудкам и дискриминации. Однако я знаю, что ты, как и другие, введен в заблуждение, полагая, что можешь быть "антисионистом" и в то же время хранить верность тем честным принципам, которые мы с тобой разделяем. Пускай же мои слова откликнуться в глубине твоей души: когда люди выдвигают обвинения сионизму, их подлинная цель – евреи. Не заблуждайся в этом.[51]

Что касается мусульманского мира, его ненависть к Израилю крепла год от года. Как объясняет востоковед Бар-Иланского университета д-р Мордехай Кейдар, мусульмане относят евреев к категории зимми – то есть к немусульманскому населению завоеванных когда-либо стран. В этом статусе евреи вообще не считаются народом, хотя и представляют религию, – и потому у них нет права на самоопределение. Создание

---

[51] Мартин Лютер Кинг, «Письмо к другу-антисионисту», август 1967. Martin Luther King Jr., "Letter to an Anti-Zionist Friend", Saturday Review XLVII (August 1967), p. 76. Reprinted in M.L. King Jr., "This I Believe: Selections from the Writings of Dr. Martin Luther King Jr."
http://www.internationalwallofprayer.org/A-022-Martin-Luther-King-Zionism.html

еврейского государства на территории, побывавшей под властью мусульман, неприемлемо.[52]

Война с еврейством и с государством Израиль объявлена священной религиозной войной – джихадом. Для радикального ислама **уничтожение Израиля стало религиозным идеалом**. Террористы-самоубийцы получают статус шахидов – мучеников, принявших смерть за веру.

Таким образом, мусульманский мир подвергает угрозе существование Израиля со дня его основания.

༺༻

За последние десять лет Организация объединенных наций приняла 223 резолюции, осуждающие Израиль. На самом деле, это число поражает воображение. Никакая другая страна мира не удостаивалась даже малой доли столь пристального внимания. В одном только 2016 году в ООН провели двадцать решений против Израиля и лишь четыре против других стран мира. Бывший генсек Пан Ги Мун признался в связи с этим, что «десятилетия политического маневрирования вылились в непропорциональное количество резолюций, докладов и комиссий против Израиля».[53]

---

[52] См. передачу «Встреча с каббалой» от 11.8.2017 на сайте «Каббала медиа»: https://archive.kbb1.com/ru/programs/cu/xJ3EW62n?language=ru.

[53] См. сайт ООН, Secretary-General's briefing to the Security Council on the Situation in the Middle East (16.12.2016): https://www.un.org/sg/en/content/sg/statement/2016-12-16/secretary-generals-briefing-security-council-situation-middle-east.

На международной арене активно действует ряд антиеврейских и антисионистских организаций, которые поддерживают кампанию за мировой бойкот государства Израиль (BDS). Кампания сопровождается широкой пропагандой, демонстрациями, петициями и письмами протеста. В числе прочего, она агитирует, иногда с успехом, за академический и культурный бойкот. В работе этих организаций принимают участие немало евреев и израильтян, часто выступающих на первых ролях.

Новый антисемитизм

Наряду с ухудшающимся отношением к Израилю, антисемитизм всё больнее бьет по евреям диаспоры. Согласно данным Антидиффамационной лиги, порядка четверти населения мира придерживается антисемитских взглядов. Самая антисемитская страна Европы – Греция: здесь в своей «нелюбви» признались целых 69% респондентов. Далее следует Польша – 45%. Кстати, как раз в этих странах евреев совсем мало. В целом, антисемитизм характерен для 49% мусульман и 24% христиан мира. Что касается приверженцев индуизма и буддизма, примерно пятая их часть заражена аналогичными настроениями.

Исследование "Pew Research" за май 2017-го: 30% граждан Восточной и Центральной Европы не желают иметь соседей-евреев, а 20% вообще не желают видеть евреев в своей стране. В Румынии и Польше, соответственно, 22% и 18% респондентов хотели бы лишить евреев гражданства.

Опрос Всемирной сионистской организации, опубликованный в начале 2018 года, показал, что 83% евреев, проживающих в странах рассеяния, столкнулись с антисемитизмом в массмедиа и в соцсетях. 59% полагают, что политики в их странах – в какой-то мере антисемиты.[54]

---
[54] Special WZO questionnaire for the 2018 International Holocaust Remembrance Day:
http://izionist.org/eng/special-wzo-question-naire-for-the-2018-international-holocaust-remembrance-day.

В свободолюбивой Академии наук США прозвучали слова о том, что израильтяне или евреи управляют миром и несут ответственность за теракты 11 сентября 2001 года, за нападение на офис французского еженедельника "Charlie Hebdo" в 2015 году, за усиление группировки ИГИЛ и т.д.

Появляется всё больше контента, высказываний, карикатур антиеврейского содержания. Мир возвращается на круги своя: евреев винят в грехах капитализма, в мировых заговорах. Даже еврейские носы снова «идут в ход». Левые радикалы в западных академических кругах постепенно смыкаются с экстремистским политическим исламом.

Один из ведущих мировых исследователей антисемитизма проф. Роберт Вистрих так описывает происходящее:

Заимствуя манихейские схемы классического антисемитизма, [идеологический антисионизм] выставляет Израиль и сионизм в виде злокозненной супер-силы, действующей порочными, оккультными методами, чтобы подчинить себе Ближний Восток и весь мир. Дьявольских евреев-сионистов неизменно клеймят как "империалистов", "расистов", экспансионистов и "нацистов". Они заняты безжалостными гонениями на арабов, они систематически лгут и извращенно манипулируют Холокостом, чтобы покрывать свои грехи.

В арабском мире и в Иране общеприняты фундаменталистские и радикальные взгляды, рассматривающие Израиль в конспирологическом свете, как дьявольскую силу, плетущую заговоры против ислама. В особенности среди исламистов евреи и израильтяне воспринимаются как те, кто управляет "Большим Дьяволом" – то есть Америкой.[55]

Евреи, со своей стороны, воспроизводят старые оборонительные шаблоны, пытаясь не выделяться своим еврейством, не носить еврейские атрибуты, не говорить на иврите и идише в полный голос. Они делают вид, будто все в порядке, демонстративно подчеркивая свою лояльность, патриотизм и безоговорочную верность стране проживания. Хотя та уже не отвечает взаимностью...

꧁꧂

Неужели всё повторяется? Неужели впереди очередная мясорубка?

Безусловно, да, – отвечает наука каббала, – если только народ Израиля не сядет за парту истории.

Действительность показала, что ступень, следующая за крушением нынешнего строя, – это власть нацистов или фашистов. Следовательно, мы еще находимся на промежуточных стадиях развития человечества, и оно еще не достигло высшей ступени лестницы развития. И кто может предположить, сколько

---

[55] Роберт Вистрих, «Демонизируя других: антисемитизм, расизм и ксенофобия» (*"Demonizing the Other: Antisemitism, Racism and Xenophobia"*).

рек крови прольется в мире, прежде чем мы достигнем этой желанной ступени?[56]

Эгоистичная человеческая природа идет своим путем, и если мы не обуздаем ее, она затянет мир в фашистский водоворот – с современным лексиконом, с обновленной повесткой дня, но с теми же дикими воззрениями и методами. Именно такая тенденция набирает сегодня силу в Европе и США из-за обостряющихся экономических и социальных проблем. При таком раскладе евреи, которых и сейчас не жалуют, одними из первых попадут под удар.

Но есть и другой путь. Задача лишь в том, чтобы за штрихами и витками нескончаемой спирали антисемитизма разглядеть фундаментальную систему взаимоотношений между человечеством и евреями.

Потому что в этой системе на самом деле всё зависит от них.

---

[56] Бааль Сулам, «Критика марксизма в свете новой реальности». Kitvei Baal Hasulam. ARI. Israel. 2009. P. 500.

Глава 5
НАРОД-ПРОВОДНИК

Все смертно, кроме еврея. Все прочие силы уходят, но он остается. В чем секрет его бессмертия?[57]

Подытоживая человеческую историю, не найти другой народ, который столько раз пытались «вычеркнуть из реальности» и который сыграл в ней столь несоразмерную роль. Картина, которую Марк Твен застал на рубеже двадцатого столетия, и сегодня ничуть не изменилась:

Если статистика верна, евреи составляют в человеческом роде лишь четверть процента [сегодня примерно 0,19% – М. Л.]. Это напоминает расплывчатое облачко звездной пыли, затерянное в блеске Млечного Пути. По идее, о еврейском народе едва ли должно быть что-то слышно – но мы слышим о нем, и всегда слышали...

Во все века он вел в этом мире поразительную борьбу – и делал это со связанными за спиной руками. Он мог бы возгордиться собой и быть прощенным за это.

Египтяне, вавилоняне и персы расцвели, наполнили планету славой и великолепием, затем поблекли, как сон, и канули в небытие. Вслед за ними греки и римляне устроили грандиозный шум – и ушли. Другие народы, появившись, какое-то время высоко держали своей факел, но он догорал, и теперь они сидят в сумерках либо исчезли.

---

[57] Марк Твен, «Касательно евреев».

Еврей видел их всех, пережил их всех, и сегодня остается таким же, каким был всегда, не демонстрируя ни упадка, ни дряхлости лет, ни ослабления своих частей, ни замедления энергии, ни притупления своего тревожного, но деятельного ума.[58]

Испокон веков универсальный закон развития толкает мир вперед. Постепенно, поэтапно он ведет человечество к построению цельной, взаимосвязанной системы, соответствующей единству Природы. Методика целенаправленного, оптимального продвижения по этому пути кроется в народе, который раньше уже реализовывал ее. **Его судьба носит системный характер. Его роль в человечестве – и есть то вечное начало, которое не зависит от конкретных времен и людей.** Оно заложено в человечестве для нужд его развития, и носители его называются «народом Израиля».

Авраам «зарядил» этот народ особым, неиссякаемым внутренним потенциалом, противоположным человеческой природе. Потенциалом, который легче скрыть от себя, чем от других.

Принадлежность к этому народу кажется порой тяжким, безнадежным бременем. История держит евреев на огне, но не сжигает, возводит на эшафот, но в последний момент прерывает экзекуцию, чтобы возобновить ее в другой сцене с новым антуражем. Народ Израиля вечно на острие, в перекрестье, на мушке, на грани. Однако Природа не позволяет ему исчезнуть. Ведь он – проводник перемен.

---

[58] Там же.

Одна начинка под множеством оберток

Известно, что народ Израиля ненавистен всем народам – в силу религии, национальности, капитализма, коммунизма, космополитизма, и т.д. Ведь ненависть первична по отношению ко всем доводам, просто каждый мотивирует свою ненависть в соответствии с присущей ему психологией.[59]

В разные времена ненависть к евреям проявлялась по-разному – но проявлялась обязательно. Менялись формы правления, идеологии, религии, общественные отношения... Антисемитизм не увядал никогда. Люди постоянно чувствовали в Исраэле дурную, враждебную силу, существованию которой в мире нет оправданий. Почему? Потому что на него завязана вся система, ведущая человечество к взаимоотдаче и подъему над эгоизмом.

Народ Израиля поставлен в качестве проводника, по которому искры очищения потекут ко всему человечеству во всем мире.[60]

Со времен падения Храма эта задача всеобщей доброй интеграции заброшена, забыта, хотя человечество продолжает развиваться и нуждается

---
[59] Бааль Сулам, «Труды о последнем поколении». Kitvei Baal Hasulam. ARI. Israel. 2009. P. 832-833.
[60] Бааль Сулам, «Поручительство». Kitvei Baal Hasulam. ARI. Israel. 2009. P. 395.

в ней всё сильнее. Вот почему мир – безотчетно и осознанно – приписывает евреям некую тайну, которую они скрывают от всех. И раз уж тайна неясна, значит, речь наверняка идет о каком-нибудь коварном заговоре...

Подобным настроениям способствует и «еврейский гений», вызывающий намного более отрицательных эмоций, чем положительных. Ведь по сути, евреи используют свой потенциал совсем не так, как требуется для подлинного человеческого объединения. Подсознательно люди догадываются об этом, но не могут сформулировать, объяснить себе – и впадают в ту же самую ненависть.

Евреи же, со своей стороны, абсолютно не понимают этой внутренней подоплеки событий, каждый раз заново удивляясь вспышкам гнева и насилия.

Не в силах достучаться до них, человечество тысячелетиями изобретало «рациональные» оправдания своим чувствам. В ответ евреи пытались оспаривать и опровергать эти резоны, – иными словами, тщетно боролись со следствиями, не видя истинных причин.

В последние века, воспользовавшись уравнением в правах на Западе, многие евреи попытались стать как все, переняли общепринятый образ жизни. Однако выяснилось, что и это не гарантирует безопасности.

Тогда последовал естественный вывод о необходимости жить в собственной стране. В итоге теперь уже страна привлекает к себе всеобщую ненависть – как правило, обусловленную «палестинским вопросом».

На деле, даже если евреи отдадут палестинцам всё и уедут на какой-нибудь остров в океане, ненависть найдет их и там. Ведь она экзистенциальна, как и сам еврейский народ. Она «первична по отношению ко всем доводам».

Приговоренные к ненависти?

Израильские евреи всё еще рассказывают себе сказки о том, что их борьба с врагами – это часть общего сражения, которое разворачивается между Востоком и Западом. Им всё еще верится, что «свободный» мир прозреет и признает Израиль своим форпостом в логове стервятников. Но правда уже выходит на свет: чем бы ни закончился конфликт цивилизаций, к народу Израиля они питают одинаковое чувство. И это отнюдь не любовь.

«Прогрессивный мир» отказывается даже просто осудить тех, кто открыто призывает стереть евреев с лица земли. Скорее напротив, мир понимает подобные настроения и в какой-то степени сочувствует им. К примеру, Кеннет Рот, возглавляющий правозащитную организацию "Human Rights Watch", не считает официальные призывы к убийству евреев и уничтожению Израиля подстрекательством к геноциду, потому что «никто не действует в соответствии с ними».[61] Следуя этой логике, очевидно, надо сначала дождаться реального геноцида и тогда уже осудить его инициаторов – постфактум...

Можно рационально обосновать каждый отдельный всплеск антисемитизма, но общая тенденция остается необъяснимой, иррациональной даже для лучших умов человечества, хотя она была предсказана тысячи лет назад.

---
[61] См. "The Wall Street Journal", «Танцы вокруг геноцида» ("Dancing Around Genocide", by David Feith), 4.12.2012: https://www.wsj.com/articles/SB10001424127887324439804578105691046734674.

Эта мнимая непостижимость заставляет евреев игнорировать очевидное и отворачиваться от фактов. На подсознательном уровне они чувствуют правильный ответ, но он настолько не соответствует их ожиданиям, что они предпочитают снова и снова попадаться в одни и те же ловушки. Народ, столько давший миру, не хочет признать, что миру нужно совсем не это.

Человечество по-прежнему ждет от евреев главного – не просто помощи на тернистом пути, а настоящего прорыва. Другим бы позволили платить «по сходной цене», но к евреям отношение особое: «Или всё, или ничего. Или вы действительно станете "светом для народов"[62], или мы погрузим вас во тьму».

Как ни странно, об этом пишут даже самые ярые антисемиты. Они признают за народом Израиля эту возможность принести миру счастье. И в чем бы они его ни обвиняли, на самом деле за всеми их наветами лежит одно безотчетное, непоколебимое ощущение, один самый главный вопрос: «Нам плохо из-за вас. Почему вы не делаете того, что должны сделать?»

> *Общество имеет полное право требовать от еврея... чтобы он начал выполнять... древнее пророчество, согласно которому через него все народы земли будут благословенны.*[63]

---

[62] «Я, Господь, призвал тебя к правде, и возьму тебя за руку, и буду хранить тебя, и сделаю тебя народом завета, светом для народов» (Пророки, Йешайа, 42:6).
[63] Генри Форд, «Международное еврейство».

Этого никак не скроешь. Все видят: в евреях есть нечто такое, что позволяет выживать вопреки всему, интегрироваться в любые культуры, справляться с любыми обстоятельствами, расставаться, но быть вместе, рассеиваться, но не растворяться. Как искры угасшего костра, они разлетелись по миру, погрузились в пепел – но не потухли, не умерли, сохранили тепло и, после долгой непроглядной ночи, вновь замерцали, озаряя мрак.

Вот что нужно от них миру – эта нетленность, эта связь с чем-то вечным, немеркнущим, негасимым. На ее фоне все прочие «дары» кажутся подачками, ханжеством, наглым обманом.

И потому их не оставят в покое. Слишком велики притязания народов, пускай неосознанные, но жгучие в своей неутоленности. Никто не согласится на компромисс, когда его лишают самого важного, самого дорогого, что только может быть в жизни. Такое невозможно забыть или простить.

И тем беспощаднее ненависть людей, чем меньше они сознают и понимают, чего именно лишены. Эта невнятность, недосказанность поднимает со дна лютую, поистине звериную злобу, срывающую все запоры, готовую прикрываться самыми нелепыми измышлениями, либо не прикрываться ничем.

А что же евреи? Они по-прежнему надеются на хороший исход, не имея для этого никаких оснований. Мудрый народ, переживший столько врагов, всё еще не решается проявить мудрость в главном – в разрешении своего исконного противоречия со всем миром.

В результате и Исраэль, и его ненавистники зашли в тупик. Ведь надеяться на то, что антисемитизм просто исчезнет, как и на то, что исчезнут евреи, – значит уповать на чудо.

Вавилон 2.0

Этапы исторического пути были неизбежны. Мы неверно представляли себе их суть как медленное, но неуклонное движение человечества к свободе. Но нет, в итоге они показали нам, насколько мы несвободны от себя самих.

Вся история мира – это история болезни под названием «эгоизм». Вся мудрость еврейского народа – в том, как ее лечить. И начать ему надо с себя.

Две тысячи лет назад народ Израиля был изгнан не просто из земли Израиля – он был изгнан из братских отношений, из внутреннего единства. В свою землю он вернулся, но в единство – еще нет.

Наша эпоха особенная – ведь сегодня все мы как будто очутились в Древнем Вавилоне. У нас та же удивительная картина: расцвет и параллельно с ним тупик в развитии. У нас тоже идолы, точнее идеологии, правят бал. У нас божки продаются с телеэкранов и онлайн. У нас агонизирует неолиберальная эзотерика. У нас растет вавилонская башня непомерного эгоизма.

Только масштабы теперь другие, и это кардинально меняет дело.

Раньше племена охотно шли за фетишами, за прогрессом, за посулами эгоизма. Потому Нимрод и изгонял каббалу – чтобы не отвлекала от «главного». Да что там, еще Фараон сказал: «Завалите евреев работой, чтобы Моше и Аарон их не отвлекали».

Но сейчас круг замкнулся на новом витке, и мы оказались в «бутылочном горлышке» истории, на «узком перекрестке мироздания», где всё человечество – в одной лодке, в одной связке. За последние пятьсот лет мы окончательно охватили глобус. За последние пятьдесят лет международная торговля, финансы и средства массовой коммуникации глобализировали человечество. Земля стала маленьким шариком, мир – глобальной деревней. Понемногу становится ясно: экспансия эгоизма достигла пределов, а его базовые противоречия так и не разрешены. Невозможно жить всем вместе на этом шарике, когда все пытаются выгадать и разжиться друг на друге, когда хрупкое равновесие то и дело нарушается вспышками, набегами, переделами, холодными, горячими и гибридными войнами, геополитической борьбой.

Вроде бы есть и ресурсы, и свобода, и возможности, но нет общего языка, согласия, доверия. Много красивых слов, обещаний, высокотехнологичных игрушек – и мало тепла, заботы. А смысла – высокого смысла – нет совсем.

Вот почему наука каббала заявляет о себе в полный голос. Это зов времени – миру нужно единство, доброе сосуществование. За Нимродом больше некуда идти. Его путь исчерпан. А путь Авраама, напротив, готов и открыт для всех.

Каббала – наука социального сплочения – не пытается сгладить острые углы или скрыть различия. Нет, она меняет само наше отношение к противоречиям, поднимает туда, где видна общая картина, несущая совсем иной смысл. Противоположности в ней – вовсе не помехи, а средства формирования единой интегральной системы, живущей по законам взаимного поручительства.

Раньше изучаемый каббалой пласт, уровень законов, не привлекал внимания, и потому тысячелетиями она оставалась скрытой от мира. Но теперь, когда узлы взаимозависимости затянулись до боли, когда взаимопонимание кажется недостижимым, – теперь мы нуждаемся в этой науке. Не можем без нее. Ведь новой версии Вавилона просто некуда инсталлироваться. Настало то время, когда Нимрод должен передать права администратора Аврааму.

Достояние мира

Нынешние времена можно охарактеризовать как период со стабильным прошлым и зыбким будущим. Сзади еще есть на что опереться, а впереди – пелена. Человечество вступает в новую эпоху с новыми, непонятными законами. Мы блуждаем в тумане, на краю еще недавно процветавшей капиталистической ойкумены, на границе знакомой, но исчерпанной системы – и не знаем, куда податься. Социализм дискредитирован неудачной подделкой, современный капитализм обслуживает только элиту, либерализм выродился в диктатуру свободы, какой она ему представляется...

Общее состояние мира можно определить двумя словами: грызутся все. И, разумеется, это опасный сценарий.

Главная проблема, перед которой встанет человечество в будущем, перед которой оно стоит и сегодня, – это стремительно растущий эгоизм. Из-за него все наши страхи, распри, войны, слезы матерей, голод, рабство, мрак депрессии, забытье в наркотиках, суицид. Из-за него мы «счастливы» в потребительстве и замкнуты в своих личных жизненных «аккаунтах», из которых перестукиваемся, перекликаемся, но почти не выходим наружу, не открываем сердец.

Мы не нужны друг другу, а порой не нужны и себе. Мы просто живем в постоянно сужающихся мирках, среди горстки близких и океана чужаков. Большая семья на Западе – нонсенс. Отсутствие семьи – новый эталон. Соседи по дому, по улице, по городу, как правило, одинаково далеки.

В этот переломный момент народ Израиля вновь выходит на передний план. Наука каббала четко определяет ту роль, которую он играет в человечестве, – **проводник, переходник, адаптер к наступающей эпохе**. Пережитые им потрясения кругами расходились по народам, обращая на него бесчисленные взоры. Весь мир смотрит или, как минимум, посматривает на него. Это не случайно. Так и должно быть.

Евреи – нескончаемый социальный эксперимент. Новаторы, искатели, умудряющиеся оказываться по обе стороны чуть ли не любого конфликта. Нестареющие и нержавеющие патриархи. Катализаторы перемен.

На самом деле их безлимитный внутренний «драйв», «вечный двигатель обновления» – уже ни от кого не тайна. Тайна в другом: **эта «искра вечности» принадлежит не им. Она – залог доброго будущего всего мира. Евреи – ее носители, но не хозяева.**

Воспрянут ли они, задумаются ли под угрозой растущего антисемитизма? Ведь решение современного кризиса кроется не в традиционных экономических и политических инструментах. Прорыв будет сделан в отношениях между людьми, в новом социальном равновесии, которое поднимет личность и общество на ступень единства.

Поэтому лучший ответ антисемитам и лучшее средство борьбы с ними – встать, наконец, и сделать то, чего они хотят. Хотят неосознанно, инстинктивно, сами того не сознавая. Им нужен универсальный пример доброго единства людей, такого, которое разрешит любые противоречия, позволит наладить жизнь, обеспечит будущее детей и внуков. В этом – общий интерес человечества. Это требуется всем. К этому Природа толкает евреев посредством антисемитизма.

Готовы ли они к своей миссии? Нет. Сказано об этом у пророка Йешайи:

> *Я вознесу к народам руку Мою, и перед племенами подниму знамя Мое, и они принесут сыновей твоих в поле и дочерей твоих понесут на плечах.*[64]

Так Творец – единая сила, закон развития – обращается к народу Израиля. Только не представляйте себе образцово-показательную идиллию с праведниками, пользующимися всеобщим уважением, если не обожанием.

Евреев «понесут на плечах» потому, что сами они не желают брать на себя ответственность и играть свою историческую роль. Их «понесут» упирающихся и отчаянно взывающих к благоразумию: «Чего вы от нас хотите!? Оставьте нас в покое! Ведь мы как все!..»

Это происходит и сейчас: **антисемиты на собственных плечах, на волнах ненависти несут еврейский народ к пониманию своей задачи**. Сам он не очнется, не выйдет из «спячки». Ему требуются внешние стимулы, импульсы, его надо «трясти».

---

[64] Пророки, Йешая, 49:22.

Да, это очень больно, это кажется ему совершенно несправедливым. Только история все равно не передумает, сколько бы он ни ждал у моря погоды. Не распогодится. Не рассосется. Не повезет. Здесь нет ничего случайного, всё закономерно. Отношение мира к евреям есть прямое следствие их отношения к себе, к своей исконной основе.

На исторической сцене не спрячешься и не спасешься ни за чьими спинами. На этой сцене народу Израиля нужно играть свою, а не чужую роль. Он не жертва, а первопроходец человечества, на секундочку – на две тысячи лет – забывший об этом. Однако другие не забыли и напоминают, как могут.

Антисемитизм исчезнет тогда, зерно единства, хранящееся в Исраэле, станет достоянием мира.

Об авторе

Михаэль Лайтман (философия PhD, биокибернетика MSc) – ученый-исследователь в области классической каббалы. Основатель и глава Международной академии каббалы (МАК).

М. Лайтман родился в 1946 г., в г. Витебск (Беларусь). В 1970 году окончил Ленинградский политехнический институт, по специальности «Биологическая и медицинская кибернетика». В рамках обучения проводил учебную исследовательскую работу в Институте исследования крови, специализировался по электромагнитному регулированию кровоснабжения сердца и мозга. С 1973 г. живет в Израиле, женат, имеет троих детей.

В 1978 г. научные исследования привели М. Лайтмана к изучению древней науки каббала. Он стал учеником Б. Ашлага (1907–1991), сына и последователя величайшего каббалиста XX в. Й. Ашлага (1884–1954), автора комментария «Сулам» (Лестница) на Книгу Зоар (по названию этого труда он получил имя – Бааль Сулам).

Михаэль Лайтман – автор более 70 книг, изданных на сорока языках, член Всемирного Совета Мудрости – собрания ведущих ученых и общественных деятелей, занимающихся решением глобальных проблем современной цивилизации

Блог Михаэля Лайтмана
http:/www.laitman.ru

Михаэль Лайтман на Твиттере
https://twitter.com/Michael_Laitman

Сайт «Академия антисемитизма»
http://antisemitizm.kabbalah.info/

На сайте размещены материалы, представляющие каббалистический подход к пониманию причины антисемитизма.

Цель проекта – привлечь широкую общественность к формированию эффективного способа борьбы с этим иррациональным явлением.

Лайтман Михаэль

Антисемитизм
(решение)

Редактор: О. Леви.
Художественный редактор и переводчик:
О. Ицексон.
Технические редакторы: М. Санилевич,
Г. Шустерман, Б. Белоцерковский.
Художественное оформление: А. Мохин, И. Голан.
Компьютерная верстка: Г. Заави.
Корректор: П. Календарев.
Выпускающий редактор: М. Бруштейн.

ISBN 978-965-7577-89-9
DANACODE 760-134

www.ingramcontent.com/pod-product-compliance
Lightning Source LLC
LaVergne TN
LVHW020447070526
838199LV00063B/4870